财务会计与企业管理研究

景 静 著

北京工业大学出版社

图书在版编目（CIP）数据

财务会计与企业管理研究 / 景静著． — 北京：北
京工业大学出版社，2021.4
ISBN 978-7-5639-7928-8

Ⅰ．①财… Ⅱ．①景… Ⅲ．①财务会计②企业管理
Ⅳ．①F234.4②F272

中国版本图书馆 CIP 数据核字（2021）第 081819 号

财务会计与企业管理研究
CAIWU KUAIJI YU QIYE GUANLI YANJIU

著　　者：景　静
责任编辑：李俊焕
封面设计：知更壹点
出版发行：北京工业大学出版社
　　　　　（北京市朝阳区平乐园 100 号　邮编：100124）
　　　　　010-67391722（传真）　bgdcbs@sina.com
经销单位：全国各地新华书店
承印单位：天津和萱印刷有限公司
开　　本：710 毫米 ×1000 毫米　1/16
印　　张：10.75
字　　数：215 千字
版　　次：2022 年 5 月第 1 版
印　　次：2022 年 5 月第 1 次印刷
标准书号：ISBN 978-7-5639-7928-8
定　　价：58.00 元

前　言

　　近年来，我国社会经济迅速发展，企业间的竞争日益激烈，企业内部的经营管理水平成为企业健康发展的关键因素。随着科技的发展，信息技术广泛应用于各行业中，在财务会计管理体制不断完善的背景下，财务会计在企业经营管理中的重要性日益凸显。通过财务会计工作，企业能实现对经济活动的监督核算，为企业经营管理提供服务支持。发挥财务会计在企业管理中的作用，有利于促进企业稳定发展。财务会计方面的研究水平决定了企业健康发展的水平，如果企业对财务会计重视不足，会造成企业的经济损失。在大数据和市场经济条件下，企业财务会计工作也要不断创新，为企业经营管理提供有力支持。

　　本书共分为六章。第一章是财务会计的内涵和主要内容，主要包括财务会计的基本概念、财务会计的形成和发展、财务会计的特征与职能、财务会计中存在的问题与解决对策、财务会计的影响因素与优化策略等内容。第二章是财务会计与管理会计辨析，主要包括管理会计概述、财务会计和管理会计的区别与联系、财务会计和管理会计融合的人才基础、财务会计和管理会计融合的路径和措施等内容。第三章是企业管理的内涵和主要内容，主要包括企业管理的基本概念、企业管理的产生与发展、企业管理的特征与职能、企业管理中存在的问题与解决路径等内容。第四章是财务会计在企业管理中的地位和影响，主要包括财务会计是企业管理的重要组成部分、财务会计提升企业管理的效率、财务会计为企业管理的科学决策奠定基础、财务会计控制企业管理成本等内容。第五章是企业管理对财务会计的促进作用，主要包括企业管理促进财务会计人员素质水平的提高、企业管理完善财务会计管理制度、企业管理提高财务会计信息化水平等内容。第六章是大数据时代企业的发展策略,主要包括大数据的定义及特征、大数据背景下企业管理面临的机遇与挑战、大数据在企业管理中的作用、大数据时代企业人才的培养、大数据时代企业的财务管理等内容。

为了确保本书内容的丰富性和多样性,本书作者在写作过程中参考了大量理论与研究文献,在此向涉及的专家学者表示衷心的感谢。由于作者水平有限,加之时间仓促,本书难免存在一些疏漏之处,恳请读者朋友批评指正。

目　录

第一章　财务会计的内涵和主要内容

　　人们从简单计数到簿记，再到会计的历史性转变是应用技术向理论层次的升华。理论总是适应社会的需要而产生和发展的。财务会计作为会计的主要分支，需立足企业，面向市场。财务会计随着资本市场的兴起和发展而受到人们的关注，相应的财务会计理论也在发生变革。资本市场的全球化趋势使各国的会计发展趋向国际化。现代财务会计的基本理论是基于资本市场而日益发展和演进的。本章介绍财务会计的基本理论，主要内容有财务会计的基本概念、财务会计的形成与发展、财务会计的特征与职能、财务会计中存在的问题与解决对策、财务会计的影响因素与优化策略等。

第一节　财务会计的基本概念

　　"会计"一词有多种含义，既指会计工作，又指会计人员或会计职业，也是会计学的简称。企业财务会计是应用于企业中的一种专业会计。其以货币计量为主要形式，围绕《企业会计准则》所提出的核算要求，对企业的经济活动进行反映和控制，取得经营管理所需的有效信息资料，借以考核过去、控制现在、策划将来。

一、会计与财务会计

　　会计是以货币为主要计量单位，按照专门的技术方法，对各类企事业单位的经济活动进行连续、系统、完整的登记、核算、监督、控制并参与决策的一种经济管理活动。习惯上，人们把从事会计工作的人员称为"会计"。

　　现代会计学家一般将会计看成一个信息系统。会计信息是经过会计人员记录、计算、分类和汇总而形成的有用的会计数据。会计信息系统就是一个以会计数据为处理对象的系统。在这里，信息处理既包括收集、存储、传输和加工会计数据，输出会计信息，以满足用户对会计信息的需求，又包括对会计信息进一步加工的工作，并利用加工后的会计信息参与经济管理活动。

现代会计有两个子系统，即财务会计和管理会计。财务会计侧重于为国家实行宏观调控和税收管理，以及为企业外部的投资人、债权人进行财务决策和必要的经济控制提供具有反馈价值和预测价值的财务信息。管理会计侧重于为企业的经营管理人员进行经营规划、加强经营管理、做出经济决策提供以备选方案和业绩评价为主要形式的财务信息和非财务信息。财务会计是会计工作的基础，管理会计是在财务会计的基础上产生和发展起来的。

财务会计是会计的一个主要分支，它继承并发展了传统会计的记录、计量、列报等方法与技术，立足主体（主要是企业）、面向市场（主要是资本市场），向市场提供（通过表内确认和表外披露）一个企业整体的、以财务信息为主的经济信息。其中，财务报表确认（列报）的财务信息是核心的、基本的，在财务报表以外的、由报表附注和其他财务报告披露的财务与其他经济和非经济信息是补充的、辅助的，但也是必要的。

二、财务会计在国内外的主流定义

（一）国内财务会计的定义

第一，20 世纪 50 年代的《会计核算原理》将财务会计定义为，财务会计是开展经济核算的一种形式，是一项能够反映经济发展过程中各个经济事实和经济现象的财务审核工作。第二，20 世纪 60 年代的《会计学原理》中提出了具体的两种会计职能：一是反映；二是监督。财务会计不再是一种核算，而是一种方法。会计是进行计量、观察、分析和登记的方法。第三，《会计学原理》除了指出财务会计是一种方法外，还指出财务会计是一种管理工具，应用这种管理工具可以反映出监督生产过程的监督方法。第四，20 世纪 70 年代的《会计基础知识》中提出，财务会计主要是采用货币形式，通过记账、算账和用账等方式，对企事业单位各项经济活动和财务收支进行核算，这个过程可以反映经济过程的发展成果。第五，2019 年《辞海》对会计的定义为，会计是经济管理的重要组成部分，是在企业、机关、事业单位和其他经济组织中，收集、分类、综合、计量其经济业务，传输成本资料，分析得失，检查利弊，以求提高经济效益的一种管理活动。第六，除了以上五种定义以外，更简洁的财务会计定义为，财务会计本身就是管理。财务会计属于管理范畴，是另一种管理活动。

（二）国外财务会计的定义

英国的《大百科全书》中提出，财务会计主要是一个信息系统，簿记是财务会计的重要组成部分，财务会计可以分类总结企业的交易情况并解释其结果。

美国对于财务会计的定义是，财务会计是科学上的一种技巧和经验。20世纪70年代，伴随着经济的飞速发展，美国财务会计逐渐趋向于一种财务信息系统，进而是一种经济信息系统。

日本的黑泽清作为当时赫赫有名的会计学家，通过对复式簿记进行不断研究，结合簿记，对会计进行总结得出，会计主要是对资本循环计算的一种手段。

总而言之，不同的国家对于财务会计的定义也有着一定的差异，在对财务会计进行合理解释的过程中，更要结合各国的实际情况，并结合财务会计的性质，做好对财务会计的基本定义工作。

三、财务会计的概念框架

发达国家的财务会计理论研究基本上都是以概念框架为前提的，我国目前还是将会计准则作为我国概念框架的主要部分。随着现代化经济的迅猛发展，国际沟通日益频繁，财务会计变得日益重要，财务会计准则的国际化程度也越来越高。为了更好地进行国际经济交往，各国间在会计准则上需要实现互通。财务会计概念框架作为一个专门术语，虽然名称不尽一致，但实质相同。从概念框架所涉及的内容看，一般包括财务会计目标、财务会计基本假设、财务会计信息质量特征、财务会计要素、财务会计要素的确认和计量以及财务报告要素等主要方面。

（一）财务会计目标

财务会计目标要根据信息使用者的需要来制定，而不同社会经济环境中的信息使用者有所差别。因此，财务会计目标的制定要考虑多方面的因素。综合各国的财务会计目标来看，主要涉及这样几个问题：谁是财务会计信息的使用者，财务会计信息的使用者需要什么样的信息，哪些信息可以由财务会计来提供，为了提供这些财务会计信息需要什么样的框架。在回答上述问题的过程中曾经出现过两个具有代表性的观点：受托责任观和决策有用观。了解这两种观点从对立到相互融合的过程，可以帮助我们进一步了解财务会计目标的发展和演变。

在财务会计目标的选择上，我国提倡受托责任观，兼顾决策有用观。在当前我国的经济环境、市场条件、企业性质等因素的影响下，我国的财务会计目标应该提倡受托责任观，等到资本市场发达到一定程度之后，再向决策有用观转变。我国以受托责任观为主、兼顾决策有用观的财务会计目标既保持了中国特色，又具有一定的前瞻性。

（二）财务会计基本假设

第一，会计主体假设。会计主体又称"经济主体"。每个企业都是一个与其他企业相互独立的会计主体，会计计量和报告只是特定主体经营和财务活动的结果。第二，持续经营假设。持续经营假设又称"连续性假设"，即除非管理层打算清算该企业，或打算终止经营，会计主体的目标不会改变，并且会按照现状持续不断地经营下去。第三，会计期间假设。在会计主体持续经营假设的基础上，出于提供及时的财务信息的考虑，凡是能反映企业财务状况和经营成果的财务报告，应定期予以提供。第四，货币计量假设。货币计量假设又称"货币单位假设"，认为财务会计是一个运用货币对企业活动进行计量并将计量结果加以传递的过程。财务信息以数量为主，这一假设给数量信息配备了统一的单位进而使财务信息具有同一性和可比性。

（三）财务会计信息质量特征

财务会计信息质量特征是连接会计目标和财务报告的桥梁，在整个概念框架中具有枢纽作用，这在各国的财务会计概念框架或类似的文件中都有所提及。针对财务会计信息质量特征存在的问题，我国应该充分借鉴国外在财务会计信息质量特征体系建设中的先进经验，逐步建立起多层次的、逻辑关系紧密的财务会计信息质量特征体系。

我国并没有专门提出一个财务会计信息质量特征体系，但是在相关的财务会计法律法规中都以一般原则的形式提及财务会计信息质量特征。在《企业会计制度》中也涉及会计核算要遵循的有关原则，包括真实性、实质重于形式、相关性、一致性、及时性、明晰性、可理解性、谨慎性、重要性九个财务会计信息质量特征。

（四）财务会计要素

财务会计作为一个信息生产系统，必然存在相应的会计对象，由于会计对象是一个抽象的概念，因此从抽象的会计对象到具体的财务信息必须经过一个从抽象到具体的处理步骤。这具体的步骤首先要将会计对象进行初次分类以形成财务会计要素，财务会计要素即会计对象的具体化形式，是财务报表的基本组成部分。

国际会计准则理事会定义了五个基本的财务会计要素，即资产、负债、权益、收益和费用。其中收益包括收入和利得，费用包括损失。我国则借鉴了国际惯例，财政部于 2006 年修订后颁布的《企业会计准则——基本准则》中明确定义了六个财务会计要素，分别是资产、负债、所有者权益、收入、费用和利润。我国较之国际惯例多了一个利润要素，尽管利润是收益和费用的综合结果，并不是一个独立的要素，但由于它是我国长期以来进行考核的重要指标，在企业管理中具有重要作用，因此我国仍将其设计成一个单独的财务会计要素。

（五）财务会计要素的确认和计量

财务会计确认是财务会计计量、记录以及形成财务报告的基础，财务会计是通过大量收集企业的数据信息来反映企业的经济活动的，而这些数据信息只有经过财务会计辨别确认以后才能形成财务报告，财务会计确认在财务会计核算中具有极其重要的作用。会计人员可通过财务会计确认的可靠性、相关性、可比性和一致性等特征来判断财务会计信息是否有用，而将具有最主要财务会计信息质量特征的可靠性和相关性作为财务会计确认的基本标准。

财务会计是一个对财务会计要素进行确认、计量和报告的过程，计量在其中是一个连接确认和报告的核心环节。具体地说，财务会计计量是指确定将在财务报表中确认和列报财务会计要素的货币金额过程。随着社会经济环境的快速发展以及财务会计技术的提高，要使企业的财务报告能够真正公允地反映其财务状况、经营成果，并且能够充分披露与信息使用者决策相关的信息，有必要引入其他计量基础，如公允价值等。

（六）财务报告要素

无论是财务报表还是其他财务报告，都是用来向资本市场的投资者表述并传递与特定主体的财务状况、经营成果和现金流量相关的，并且是对决策有用的信息的手段。回顾财务报告的发展过程，会发现财务报告的主体变化较小，而报表外的各种补充说明、解释却越来越多，财务报告全文的厚度日益增加。尽管如此，不断扩容的财务报告仍然不能准确、可靠地反映企业的经营风险和业绩，加强信息透明度仍然是资本市场的呼声。

四、财务会计概念的新解读

（一）从立足企业出发

企业既是产品的制造者又是劳务的提供者，企业的主要目标就是实现利润的最大化，这也是企业运行的目的。社会资源的首次配置是由市场完成的，再次配置就是由企业来完成的。企业将社会资源转化，获得生产要素，然后把其中可用的生产因素结合起来，转化为生产力，进一步增加社会财富。企业既是财务信息的提供者又是企业财务报告的传递者，承载着市场所需要的信息。因此，我们要想对财务会计的概念进行解读，就要立足于企业，以企业为主体，进而对企业财务报告所能提供的信息范围进行界定，这就是财务信息的边界。

（二）以面向市场为导向

对财务会计的概念进行解读，要始终坚持以面向市场为基本导向点。在当前市场中，主要是供需双方决定价格并完成交易。这是一种对经济进行调节的重要机制。在市场的广泛参与下，借助于证券、劳务以及商品，可以保证市场参与者实现平等竞争，全面促进财务会计的长久发展。遵循面向市场的原则，往往需要摆脱政府的干预以及相关的垄断。就其实质而言，企业在实际的经营发展过程中，往往有着一定的不确定性，同时也存在各种各样的财务风险。企业在进入资本市场时，要根据监督者的相关要求，提供准确的财务信息，并保证市场的顺利运转，实现各个企业之间的相互交流，进而提高市场的流动性。

（三）向市场提供企业以财务信息为主的经济信息

对于企业而言，财务会计是一个能把企业所提供的财务报告和财务信息中显示的数据进行转化的系统。在这个过程中，财务会计将企业所发生的交易事项中所包含的经济信息和数据转化为企业财务信息。信息的特征包括描述事物特征、反映事物差异、说明事物差异变动。因此，根据企业财务信息的变动，就能分辨出企业资源分配的差异，以及在交易过程中所发生的变化。如果将交易的数据转化为企业财务信息，在此转化过程中所存在的经济变化就无法为人所知了。如果企业对外公开财务信息，这种财务信息就会变成公共的财务信息，可同时被经济运转过程中的所有参与者共享。这样一来，企业的财务信息就会变成市场经济信息，进而影响市场运转中其他主体的利益。

第二节　财务会计的形成与发展

在生产活动中，人们总是力求以较少的劳动耗费，取得尽可能多的劳动成果。为此，必须对生产过程的劳动耗费和劳动成果进行记录和计算，进行比较和分析，于是就产生了财务会计。早期的财务会计是比较简单的，只是对财物的收支进行计算和记录。随着社会生产的日益发展和科技水平的不断提高，财务会计经历了一个由简单到复杂、由低级到高级的漫长发展过程。

一、财务会计的形成

会计活动有着悠久的历史。在人类文明的早期，人类祖先就通过实物、绘画、结绳、刻契等方法来对社会经济事务进行计量记录，这些计量记录社会经济事物的活动可看作会计最初的萌芽。随着人类经济、政治、教育、科技等社会功能的演进、变化和发展，会计的功能和应用范围逐步扩展，各种会计思想碰撞交织，不同文化之间互相学习借鉴，会计逐步发展成为一门具有完整体系的学科，影响并渗透到社会经济生活的各个领域，并作用于宏观、中观和微观的各个经济运行层次，在人类社会经济生活中发挥着越来越重要的作用，成为现代社会经济正常运行中必不可少的重要组成部分。

（一）结绳记事

在文字发明前，人们使用结绳记事法进行记录。即在一条绳子上打结，用以记事。上古时期的中国及秘鲁印第安人皆有此习惯，即便到近代，一些没有文字的民族，仍然采用结绳记事的方式来传播信息。虽然目前尚未发现原始先民遗留下的结绳实物，但原始社会绘画遗存中的网纹图、陶器上的绳纹和陶制网坠等均显示出先民结网是当时渔猎的主要条件。因此，结绳记事（计数）作为当时的记录方式具有客观基础。其结绳方法，据古书记载："事大，大结其绳；事小，小结其绳，结之多少，随物众寡。"（《易九家言》）此即根据事件的性质、规模或所涉数量的不同，结系出不同的绳结。

（二）岩画石刻

岩画是一种石刻文化。在人类社会早期的发展进程中，人类祖先以石器作为工具，用粗犷、古朴、自然的方法——石刻，来描绘、记录他们的生产方式和生活内容。这是人类社会早期的文化现象，是人类先民给后人留下的珍贵文化遗产。岩画中的各种图像，构成了文字发明以前原始人类最早的"文献"。岩画涉及原始人类的经济、社会和生活各个方面。

人们进行物质资料的生产，创造财富，取得劳动成果，同时对劳动成果进行分配。在这一人类赖以生存和发展的生产活动中，人们务求以尽可能少的物质和劳动消耗，来取得尽可能多的劳动成果。这就对劳动耗费和劳动成果的详细记录、认真比较、缜密分析有了客观的要求，而这种原始的记录、比较、分析行为，奠定了财务会计产生和形成的基础。

二、财务会计发展与会计环境变迁的关系

人们通常以"环境"一词来表现自身所处的社会经济的情况和条件。历史是发展的，社会经济的情况和条件也在不断变化之中，这种变化促进了各种学科的发展。财务会计的产生和发展，自然也要受到环境的影响。另外，财务会计作为经济管理的重要组成部分，并不是完全消极地适应环境的变化，其在一定程度上又影响着环境，它们是相互依存、相互制约和相互促进的。会计环境的变化，对财务会计提出新的要求，财务会计为了适应变化了的客观环境的需要而不断变革和创新。与此同时，财务会计的每一次变革和发展都有助于其向有利害关系的各个方面提供对于决策有用的信息，也会直接或间接地影响会计环境的改善。

（一）会计环境对财务会计发展的影响

1. 经济环境

经济环境是决定财务会计发展的一个最重要、最直接的因素。它包括的范围很广，不但直接对财务会计产生重要的有时甚至是决定性的影响，而且通过对政治、法律、文化、教育等其他环境因素来间接地对财务会计产生影响。经济环境的发展和完善，要求财务会计与之相适应，对财务会计提出了更高、更新的要求，使财务会计理论不断丰富，财务会计应用领域不断拓展，财务会计程序和方法不断优化、更新和完善。

早期的财务会计，由于只需要反映财产的使用和分配情况，因此，当时的经济环境只需要财务会计对生产活动进行简单的记录和计量。随着生产力的发展，经济环境发生了变化，不仅要求财务会计对生产活动进行计量和记录，而且要求其对生产活动的所得与耗费进行计量和比较。随着经济的发展和人们对财务会计认识的提高，财务会计又从主要应用于微观领域发展到应用于宏观领域，财务信息由原来的主要为企业服务，发展到既为企业的投资者服务，又为全社会的经济管理服务，从仅仅提供反映经济活动的信息，发展到应用信息并参与企业的决策与控制活动。

2. 社会环境

社会环境包括社会习俗、文化、风尚和道德观念等，是由人们在一定的群体或社会中的态度、欲望、智力及文化程度、信仰、观念和习惯所形成的。社会环境对财务会计的影响，就是对财务会计的态度、信念和价值观及其实际社会地位的直接影响，最终对财务会计的发展产生重要影响。这在经济发达、社会文化程度较高的国家已经得到充分证明。

3. 技术环境

技术环境是指根据生产实践经验和自然科学原理而发展起来的各种工艺操作方法与技能。重大的科学进步会对社会生活的方方面面产生巨大的影响，也会对财务会计的发展产生重要的影响。财务会计自产生以来，在漫长的历史发展过程中，一直是采用手工方式来进行工作的，直到现在仍有大量企业采用手工方式来进行财务会计工作。采用手工方式处理财务数据，虽然方便、灵活，但是处理速度慢、效率低，容易出差错。随着财务会计工作日益向基层单位、管理部门、生产技术领域渗透，其与企业日常经营活动结合得更加紧密，企业对财务信息处理的速度和质量提出了更高的要求，落后的财务数据处理技术已经越来越不能满足企业管理的需要。电子技术的发展，尤其是电子计算机在财务会计工作中的应用，从根本上改变了传统手工作业的落后状态，使财务会计工作的数量、质量和效率得到快速提升。

4. 政治环境

政治环境是执政党和国家根据路线、方针制定政策、法令，以维护本阶级的经济利益所采取的一系列措施的综合体现。任何国家的财务会计运行机制，都必须体现本国的政治要求。

新中国成立之后，党和政府把经济工作放在相当重要的位置上，商业网点遍布全国城乡，建立了大批现代基础工业，财务会计对于经济建设的重要性也日益体现出来。因而在很短的时间内，复式会计记账方法在我国得到普遍的推广应用，企业也建立了较为完整的财务会计核算体系。我国实行改革开放政策以来，发展经济成为全国工作的重心。发达国家财务会计的先进技术、方法不断被吸收利用，财务会计的改革随着经济改革的深化而逐步进行，为经济的高效、高速发展做出了重要贡献。

5. 法律环境

法律是指国家制定或认可，并以国家强制力保证其实施的行为规范的总和。财务会计作为一种社会行为，也要受到法律规范的约束。会计的一些基本规则乃至会计的基本程序和方法，都要通过相关法律加以规定。通过法律形式规定的财务会计标准具有权威性和强制性。我国财务会计法律法规体系是以《中华人民共和国会计法》为主法，与会计准则、会计制度和会计基础工作规范等法规共同构成了一个比较完整的体系。这些法律和法规对促进我国财务会计事业的发展产生了深远的影响。

6.教育环境

教育因素包括教育结构、教育程度、教育体制、教师素质、教育目标等。教育因素对财务会计发展的影响既是直接的，又是间接的和深层次的。一个国家的教育水平和教育质量会给财务会计工作带来重要的影响

（二）财务会计发展对会计环境的影响

一方面，财务会计在客观上对会计环境进一步发展起到促进或制约的作用。如果将环境作为一个大系统，财务会计就是大系统中的一个子系统。财务会计依存并服务于它所处的会计环境。财务会计需要满足环境发展变化对其提出的要求，这就在客观上起到促进或制约会计环境进一步发展的作用

另一方面，财务会计能够有效地促进社会经济资源的合理配制。人类要生存发展就必须进行生产劳动，其中最重要的影响因素就是社会资源的配置是否合理，使用是否有效。高质量的财务信息可以使社会经济资源得到合理配置，提高社会经济资源的使用效率，使国民经济健康、协调、稳定发展；失真的财务信息会导致经济决策的失误和经济结构的混乱，给经济发展带来不利影响。

三、财务会计的发展历程

（一）我国财务会计的发展历程

我国从夏朝起就建立了正式的国家税收制度，开始征收国家税款。为执行国家税收的职能，政府设立了专门的官职负责对税款等收支项目进行计算和登记。所以夏朝可以说是我国政府会计的历史起点，这一论断已经从大量的甲骨文考古史料中得到证实。

在西周时期，我国政府会计功能进一步完善，建立了国家会计的独立官职系统，形成了一套较为完整的国家财政收入和支出的项目体系，并且设置了专职监督检查会计工作的官职——宰夫。

进入封建社会时期，我国会计有了较大的发展。在秦汉时期，在记账方法上出现了超越文字叙述式的"单式记账法"，即以"入、出"为会计记录符号的简明会计记录方法，以"入－出＝余"为结算基本公式，这被称为"三柱结算法"，又叫"入出（或收付）记账法"。在西汉时采用的由郡国向朝廷呈报的财务收支簿——"上计簿"，可视为"会计报告"的雏形。宋初开始出现了"四柱清册"的会计核算模式，即在会计簿记及报表中并列"四柱"，称为"旧管""新收""开除""实在"，分别反映"期初结余""本期增加""本期减少"和"期

末结存"。宋代建立了我国会计史上第一个独立的政府会计组织——"会计司"。唐代的《国计簿》和宋代的《会计录》等是我国会计发展史上的重要著作。明末清初山西人傅山在"四柱清册"的基础上设计了适合民间商业应用的会计核算方法"龙门账"，将经济事项科学地分为"进、缴、存、该"四个步骤，并在此基础上编制动态与静态相结合的进缴表和存该表。到了清朝末年，随着资本主义生产关系的萌芽，我国又产生了"天地合账"。

民国时期，以徐永祚为代表的改良中式簿记运动为西式簿记的引入奠定了社会基础。同时会计师事业有所发展，1925 年 3 月，我国成立第一个会计师公会——上海会计师公会。

新中国成立后，在计划经济体制下，中央政府参照苏联的会计模式建立了高度统一的企业会计制度和政府预算会计制度，财政部成立了主管全国会计事务的机构——会计制度处。改革开放后，1985 年全国人大颁布了《中华人民共和国会计法》。1992 年 11 月财政部颁布了《企业会计准则——基本准则》和《企业财务通则》，开始了会计改革。1997 年 5 月，我国颁布了第一个具体会计准则《企业会计准则——关联方关系及其交易的披露》。

2006 年 2 月 15 日，财政部颁布了新的《企业会计准则》，并规定从 2007 年 1 月 1 日起实施。新会计准则于 2014 年 7 月进行了修订，以提高会计信息质量、维护社会经济秩序为宗旨，按照国际会计管理方式，对会计信息的生成和披露做出了更加严格和科学的规定，突出了对会计信息质量的要求，有利于进一步优化投资环境。

（二）国外财务会计的发展历程

根据考古发现，在古印度文明的原始公社时期，当时的社会生活中已经出现了专门的记账员，负责对农业账目进行登记。在奴隶和封建社会时期，由于商品经济发展水平不高，当时的政府是会计活动的主要参与者，会计成为官方机构用来记录、计算和考核财政收支的手段。

13 世纪到 15 世纪，在对外贸易的推动下，地中海沿岸城市的商业和手工业逐步兴旺发达，区域经济繁荣，从而孕育了现代会计的雏形。复式簿记在意大利迅速发展，威尼斯簿记在会计史上占有重要地位。1494 年意大利数学家、会计学家卢卡·帕乔利（Luca Pacioli）所著的《算术、几何、比及比例概要》一书问世，较为系统地说明了复式记账法，为复式记账法在全世界的广泛流传奠定了基础。

20 世纪 30 年代，各国会计活动逐步由民间主导转向政府主导。在这一阶段，会计准则逐步完善。20 世纪 50 年代至今，信息论、控制论、系统论、高等数学、行为科学和电子计算机技术等学科体系被纳入会计学科，丰富了会计学科的内容。在全球化的浪潮中，各国在制定会计准则的过程中必然要参考国际会计准则。

财务会计是随着生产活动的发展而发展起来的，随着经济社会的不断进步，财务会计的作用将更加显著。

四、财务会计未来的发展趋势

（一）财务会计工作体现企业真实的经营状况

从我国当前的发展情况来看，企业的发展除了要关注财务资本之外，还要关注员工的价值，要重视人力资本，希望可以借对于人力资本的控制来增强企业自身的盈利能力。所以在进行财务会计服务时，必须保证将成本计量方式逐步转化为价值计量方式，同时将历史成本这种财务会计计量方式逐步转变为公允价值计量方式。另外，从企业现阶段的财务报表编制情况上来看，业绩造假问题是当前很多企业存在的问题，这会导致企业真实的财务情况得不到体现。对此，财务会计人员通过确认与计量的科学结合，使企业的真实经营状况得到体现。

（二）将信息化技术融入财务会计工作中

近些年来，信息技术在我国已经得到了很大的发展，现在各行各业均离不开信息技术，财务会计行业也不例外，会计电算化技术走入各个企业之中，已经替代了传统落后的手工记账模式。这一方面降低了财务会计记账的难度，另一方面使财务会计工作获得了新的发展机遇。企业要根据实际需求开发更多的财务会计软件，除了要更多应用财务会计软件之外，还需要及时对现有的财务会计人员进行培训，使财务会计人员熟练应用各种财务会计软件，从而通过计算机技术手段处理各种财务信息。

（三）财务会计准则的制定与发展

为了保证财务会计准则的正确性及有效性，在其制定之后，需要经过一段时间的实施才能够得出最终结论。另外，在财务会计准则的编制过程中，还应当处理好原则导向理念和规则导向理念之间的关系，以确保财务会计准则内容符合我国当前的经济发展环境。除此之外，由于我国和其他国家的贸易往来越来越频繁，所以在对我国的财务会计准则进行编制时，还应当考虑到国际大环境因素，考虑到国际法的内容，使我国的财务会计工作能够跟上时代的发展步伐。

第三节　财务会计的特征与职能

我国企业财务会计所提供的信息，首先必须为整个国民经济的发展服务。财务信息须与国民经济计划相一致，数据可靠，内容全面。财务信息同时也要为企业的经营管理服务，用以提高资金的使用效率，提高整个企业的经济效益。正确理解财务会计的特征，对于充分发挥财务会计的职能作用具有重要意义。

一、财务会计的特征

（一）以货币为计量单位

财务会计在反映经济活动时主要采用货币计量，其他指标和文字说明只是附带内容。因为货币是衡量商品价值的一般等价物，企业最初投资是用货币来计量的，所以对这些投资使用的追踪记录也只能采用货币计量。财务会计有时也采用其他计量单位，如实物数量、劳动工时等，其目的是改善劳动计量的效果和扩大财务信息输出的范围。

经济计量的尺度有实物尺度、劳动尺度和货币尺度三种。而货币作为一般等价物，具有衡量商品价值的职能。企业进行任何经济活动都会涉及人力、物力和财力的投入与耗费，财务会计就是用货币的形式对这些活动进行反映和监督。比如，投资者投入企业的财产可以是现金，也可以是房产、设备等实物财产，还可以是某种专利技术等知识产权。对于这些种类繁多、形态各异的财产，要进行信息汇总，必须采用统一的计量单位，即货币单位。财务会计正是以这种统一的货币计量单位为主要手段，对企业的经济活动进行综合反映的。当然，在财务会计的工作过程中也可能使用实物计量和劳动计量，但这些计量方式通常只是作为货币计量的辅助手段，用于补充说明企业的经济业务内容。可以说，货币计量是财务会计中最主要和最基础的计量手段，这是财务会计区别于其他经济活动的重要特征之一。因此，财务会计的主要特点是以货币计量手段对经济活动过程中所占用的财产物资和所发生的劳动耗费进行系统的计量、记录、分析和监督。通过货币计量取得企业经营管理所必需的综合性指标，据以对企业的经济活动进行总体性评价，考核企业的经济效益。

（二）对经济活动进行连续、系统和完整的记录

财务会计反映整个企业的全部经济业务，并连续地对经济业务情况进行记

录，使用货币计量把大量的、分散的、不易理解的数据加以分类、汇总、排序，使之成为便于理解的、能说明企业全面发展情况的信息。

信息需求者要求企业提供的信息资料具有连续性、系统性和完整性。所谓连续性是指，在核算时按经济业务发生时间的先后顺序进行不间断的记录。在正常情况下，企业的经营活动是连续不断地进行的，反映企业经营活动的资金也是周而复始地运转着的，财务会计就是以资金的运动为对象，对企业发生的每一项经济业务所涉及的资金的来龙去脉关系都要进行不间断的记录，而且是按照经济业务发生的时间先后顺序逐笔记录的。因此，财务会计所提供的信息能够反映企业任何一个时点、任何一个时期的经营活动情况。所谓系统性是指，在核算过程中从开始记录第一项经济业务到最后编制财务报表，财务会计要逐步把会计资料系统化，通过分类汇总、加工整理，获得综合性的指标。企业是一个整体，各个部门和人员尽管有不同的分工，但他们的工作都是相互联系、相互影响的，财务会计就是对企业相互联系的经营活动进行反映，其提供的信息也不是孤立的、单独的，而是一个系统的整体，通过财务信息能够了解企业经营活动的全貌。所谓完整性是指，在核算过程中凡是需要财务会计进行核算的经济事项都要逐一记录和计算，既不能遗漏，也不能任意取舍，这样才能获得反映经济活动的综合性指标。

（三）有一系列专门的方法和程序

财务会计经过长期的发展，已经形成了不同于其他学科的特有的方法体系，并且在不断丰富和完善。从广义上来讲，财务会计方法主要包括核算方法、分析方法、检查方法、预测方法、决策方法等。核算方法是财务会计的基本方法，也是其他方法的基础，主要包括确认、计量、记录和报告财务信息的方法。分析方法是以核算提供的基本信息为基础，对原始信息进行加工和分析，以取得更多信息的方法。检查方法主要是指对信息进行检查和验证，以保证信息准确、可靠的方法。预测方法和决策方法主要是指财务会计功能的扩展所产生的方法，是利用核算所提供的基本信息进行深加工，以提供未来决策需要的财务信息。

（四）可验证性

财务会计主要反映过去已经发生的经济事实。为此，在每项经济业务发生或完成后，都要编制书面凭证并进行审核，以保证信息的真实性，同时按照财务会计准则和制度的要求对信息进行加工，以保证提供的信息符合规范。因此，财务会计提供的信息具有可验证性。正是财务会计的这一特点，使对企业的审计成为可能，并且使财务数据的可靠性得到社会公认。

（五）真实性

真实性是财务会计的基本特征。财务会计的根本属性是反映一种现象，财务会计是会计的一部分。财务会计的主要任务是根据经济发展情况与企业利益分配情况进行信息的搜集、处理和反馈。财务会计的本质是开放的，但财务会计原则是要能够如实反映信息结果和复杂的生产关系，原则是不变的。财务会计提供的财务信息直接影响企业做出的发展决策与规划。所以，财务会计的真实性对企业发展有着重要影响。

（六）历史性

财务会计为企业提供该企业在某一历史时期的财务信息，所以历史性也是财务会计的本质特征。通过财务报告，人们可以了解企业在某个阶段生产经营活动的真实情况，如这个时期企业的经营活动成果，但是不能预测企业未来的经营成果，也不能判断未来环境对企业发展的影响。了解财务会计的历史性本质特征，可以使人们清楚获悉企业的历史经营情况。

二、财务会计的职能

财务会计的职能是指财务会计的功能。财务会计的职能是发展的。最早的财务会计仅具有记录、计量经济活动，反映经济情况的职能。随着社会生产的发展、客观经济环境的变化，新的财务会计职能不断出现，但其基本职能还是核算和监督。我国已从法律上明确了财务会计的基本职能是核算与监督。

（一）财务会计的核算职能

财务会计的核算职能是指以货币为主要计量单位，对一定主体一定时期内的经济活动进行连续、系统、完整的记录、计算和报告。它具有以下特点。

1. 财务会计主要利用货币计量，综合反映企业的经济活动情况

财务会计核算主要从价值量上反映企业的经济活动状况。由于企业的日常经济活动具有一定的复杂性，虽然财务会计可以采用货币计量、实物计量和劳动计量，从数量上反映企业的经济活动，但人们不可能单凭观察和记忆掌握企业经济活动的全面情况，也不可能简单地将不同类别的经济业务加以计量和汇总。因此，财务会计核算要从数量上反映企业的经济活动的全貌，需要以货币计量为主，以实物计量和劳动计量为辅，并借助一定的程序进行加工处理，生成以价值量表现的财务数据，以综合反映企业经济活动的过程和结果。

2. 财务会计核算要具有完整性、连续性和系统性

所谓完整性是指对属于财务会计核算对象的所有经济活动都要记录；所谓连续性是指对各种经济业务都应按其发生的时间顺序依次记录；所谓系统性是指对财务会计提供的资料应当按照科学的方法进行分类，系统地加工、整理和汇总，以便为企业经济管理提供其所需的财务信息。

3. 财务会计核算主要记录已发生的经济业务

随着管理对财务会计要求的提高，财务会计核算不仅仅包括对经济活动的事后核算，还应包括事前核算和事中核算。事前核算的主要形式是进行经济预测和参与决策；事中核算的主要形式是在计划执行过程中的核算和监督；事后核算是对已经发生的经济活动进行记录、核算和分析，经过加工处理后提供能够反映企业经济活动的现实状况及历史状况的财务信息，这是财务会计核算的基础。

（二）财务会计的监督职能

财务会计的监督职能是指，依据监督标准，利用财务会计核算所提供的信息对一定主体经济活动全过程的合法性、合理性和有效性进行的控制和检查。它具有以下特点。

第一，财务会计监督主要利用价值指标进行货币监督。

第二，财务会计监督既要对正在发生和已经发生的经济业务进行事中监督和事后监督，还要对未来经济活动进行事前监督。

第三，财务会计是企业内部的监督，是企业外部的监督所不能替代的，并同外部监督一起构成了一个完整的监督体系，以保证企业依法、有序、高效地开展经济活动。

（三）财务会计核算与监督职能之间的关系

财务会计核算和监督两个基本职能之间存在着密切的内在联系，它们相辅相成，缺一不可。财务会计核算职能是财务会计监督职能的基础，财务会计不能离开核算而孤立地进行监督，离开了核算，监督就没有依据。同时，财务会计监督职能又贯穿于财务会计核算的全过程，只有通过监督才能进行有效核算，保证核算资料的真实、可靠，离开了监督，核算就没有保证。因此，财务会计既要核算，又要监督。

（四）财务会计职能的扩展

随着社会经济的发展和经济管理的现代化，财务会计的职能不是一成不变

的，其内容和作用不断扩展。特别是随着数学、管理学、电子计算机技术广泛应用于财务会计领域，财务会计不仅具有核算和监督两个基本职能，更具备了新的内容。财务会计由事后的记账、算账，逐步转向事前预测、事中控制和事后分析经济效果、参与决策等管理活动。因此，财务会计还具有预测、决策、控制、分析等职能。

财务会计汇总经济活动中资金方面的资料及资金的动态，并运用这些信息，组织和控制经济活动，处理好企业各方面的经济关系。财务会计通过对资金结构、资金趋势和资金利用效果等方面的分析，对资金进行控制、供应和调配，把管理资金的职能渗透到经济活动的各个环节中去。管理资金一方面要积极为生产服务，从生产实际出发，积极组织资金供应，保证生产经营活动中的资金需求；另一方面要坚持勤俭节约原则，千方百计地节约生产消耗，节省费用开支，合理使用资金，压缩资金占用，充分挖掘资金潜力。如果生产出同样的产值而减少了资金的占用，或者不增加资金的占用而实现了产值的增长，都会加快资金的周转速度，提高资金的使用效果，最终提高企业的经济效益，增加企业的利润。

财务会计的职能扩展主要表现在以下几点。

第一，全面反映企业的经济活动。财务会计对账簿上记录的财务信息进行整理、计量和分析，揭示经济活动的内在联系，掌握经济活动变化的原因和趋势，从而改善企业的经营管理情况。

第二，控制企业的经济活动。财务会计通过会计计量、分析和测算，能较为准确地掌握企业经济活动中各要素之间的数量关系，并据以规定各项财务定额，控制成本和费用，提高企业经济效益。

第三，评价企业的经营业绩。财务会计通过核算能得出整个企业各部门、各环节的有关成本、费用、盈亏等财务指标的实际数，实际数与定额或预算、计划的差异以及产生差异的原因，故而能客观评价企业各部门、各环节的经营业绩。

第四，预测企业的经营前景。财务会计通过对财务信息的分析，如对库存、销量、价格、成本等历史财务信息的分析，可以发现经济活动的变化趋势，结合对未来目标、环境的分析，可以对企业未来经营前景做出合理预测。

第五，参与企业的经济决策。财务会计能提供经济决策必需的财务资料，可以为企业做出正确的经济决策提供有效的服务。

因此，财务会计要根据当前的资金情况，预测企业经营前景，从节约物资消耗、减少资金占用着眼，预测企业在供应、生产和销售活动各阶段所需要的资金，围绕资金使用提出切实可行的压缩资金占用的方案，提出合理使用资金、提高经济效益的措施，为企业经营管理出谋献策。

第四节　财务会计中存在的问题与解决对策

随着时代的发展和演变，财务会计逐渐凸显出其重要性。在新经济形势下，财务会计工作还存在较大的问题，这不利于推动企业的长效持续化发展，也难以提升企业的核心竞争力。在日常工作中，需要全面而客观地分析财务会计中存在的问题，采取切实可行的措施予以解决，提高财务信息的准确率，为企业的科学决策提供重要的参考依据，确保企业各项业务的顺利开展。不断提高财务会计工作的效率与质量，能够使企业更好地面对各方面的挑战，促使企业走上健康持续发展的道路。

一、财务会计中存在的问题

（一）财务信息失真

所谓财务信息是指，经济活动的主体按照法定会计制度向信息使用者提供的能够反映主体经济状况的数据信息。财务信息是企业进行决策的重要根据。财务信息失真是指财务信息不能真实地反映经济活动的客观状况，以虚假的数据信息误导信息使用者，甚至导致决策失误的现象。财务信息失真的危害非常大，虚假的、错误的信息会对企业的经济行为产生误导，导致经济活动主体在制定生产规划、投融资、经济利益分配、微观调节或宏观调控的政策时出现偏差，导致决策失误，甚至引发不同程度的社会矛盾。同时，对于企业来说，失真的财务信息，一方面可能导致企业经营在短期内出现虚假繁荣，而长期如此则会经营不力，另一方面可能诱发更为严重的经济犯罪。无论哪种后果，都会导致企业难以正常经营和发展。千千万万的企业是社会经济活动的重要参与者，一旦这种企业财务信息失真现象成为普遍现象，整个社会的经济秩序就会遭受严重破坏，进而引起经济危机和社会动荡。

企业财务信息的准确性是企业开展现代化经营与管理的基础。企业必须提高财务信息质量，根据需要提供准确的财务信息。这样才能够及时披露企业目前的经营情况，从而确定企业的发展路线，使企业财务部门起到辅助企业进行决策的作用，同时有利于税务部门进行征税，提高整个流程的工作效率。

　　企业的财务信息也是国家制定经济发展宏观调控政策的依据。如果企业的财务信息失真问题严重，很容易造成国家宏观方面的经济决策出现偏颇，甚至会扰乱正常的经济秩序，造成区域经济发展的迟滞。企业财务信息失真将给企业的利益主体，尤其是投资人与债权人的合法利益造成十分严重的危害。如果企业提供虚假的财务信息，夸大经营业绩，虚增利润，提高股价，会造成企业投资人的利益损失。如果企业粉饰资产负债数据，则有可能造成债权人决策失误而导致其利益损失。这些虚假的财务信息会直接影响到企业经济活动的各个环节，导致投资人投资损失、债权人失去资金利息，因而对利益主体的合法利益造成侵害。

（二）财务会计从业人员素质较低

　　目前，我国企业的信息化、数据化与电算化工作仍处于起步阶段。这主要体现在很多财务会计工作流程中，企业对于管理会计与普通会计、注册会计师与初级会计之间的区别与联系不能够加以明确，以至于企业财务会计工作频频出现名不符实与大材小用的情况，这就在一定程度上损失了财务管理及核算的效益。在财务会计工作的整体体系中，管理会计与注册会计师作为其中较高层级的会计人员，应该充分发挥其作用。就财务会计队伍整体来说，年龄结构、知识结构等还存在着不同程度的问题，文化知识水平不高，不具备专业化的技能，无法有效解决工作中遇到的各种难题，影响财务信息的整体质量，使财务信息准确率降低。

　　在企业财务会计工作过程中，普遍存在着财务会计人员工作质量参差不齐的现象，企业财务会计的主体是普通会计，相对于较高层级的财务会计而言，普通会计的业务精熟度往往会稍逊一筹，在工作岗位上也不能够做到游刃有余。另外，由于受到传统的金融教育与会计教育的影响，即使面对经济新形势，企业的财务会计也往往认识高度不够，不能够与时俱进，在工作中仍沿用滞后的财务会计管理策略和方式。同时，企业财务会计人员在较大的工作压力下，往往疏于对专业知识的学习，使普通会计的专业素质不能够得到快速的提升，与较高层级的财务会计之间仍存在很大差距。

（三）财务会计基础相对薄弱

　　企业财务会计基础工作的重要性在于，它能够提高财务会计工作水平，提升企业管理水平，促进企业长远发展。当前企业财务工作中存在的问题集中在现金流量、记账凭证、内部控制、人员选用等方面。对此，企业应该树立正确观念、健全财务制度、提高人员素质、加强内部控制，推动企业健康发展。随着我国经济的快速发展，很多的企业也进入了高速发展阶段，在快速发展过程中，很多企业往往更加注重企业规模、销售数量等，而对企业的财务管理并不是太重视。这就导致当前我国很多企业中没有健全的内部控制制度，也没有完善的财务管理制度，企业核算的工作流程也十分不规范，如有些企业虽然建立了完善的财务会计制度，但却没有严格、认真地去执行，使财务会计制度成为应付上级领导或部门检查的工具。

经济迅速发展为财务会计人员的工作提供了方便，能够有效减少财务会计人员的工作量，同时减少其出现错误的频率，使企业在运行过程中的经济安全得到了保证。然而，相关制度的制定却和财务会计发展的状况有着一定的差距，很多财务问题并没有相关的法律来进行有效的制约。

财务基础薄弱、财务控制能力不强是现阶段我国企业财务会计工作中存在的一个主要问题，制约着我国企业财务管理水平的提高。对于企业来说，其内部所开展的财务基础工作规范化，能够促进相关体系的建设及专业人员综合素养水平的提高，同时还能够进一步提高企业相关管理者的规定标准，从而使其为财务工作的开展进行较为有效的监督与管理。在企业内部开展财务基础工作的规范化管理，能够简化相关工作环节，摒弃繁杂的工作，为企业经济活动的开展提供有力的监管与制约，最终实现提高企业财务会计工作水平的效果。企业内部所开展的财务基础工作是其发展的一个关键环节，而财务基础工作的规范化管理并非一件十分简单的事，而是一个非常系统化的过程。作为企业内部的财务会计人员，必须要对这一问题给予充分重视，对其重要性有一个清晰、明确的认知，并不断充实自己，实现自身综合素质的全面提升，只有这样才能够确保财务基础工作规范化管理的有效性，并最终促进企业的进步。

二、财务会计问题的解决对策

（一）加强财务会计的监督职能

企业财务会计监督是企业财务管理的重要内容。良好的企业财务管理有利于保证企业财务工作的平稳运行，也有利于规避企业财务风险，积蓄企业发展潜力，让企业发展永葆活力。故而企业财务会计监督对企业内部管理来讲具有十分重要的现实意义，不断提高企业内部管理水平，加强企业财务会计监督是企业未来发展的必经之路。完善的管理来源于健全的制度，要实现企业内部有序管理，首先要健全企业管理制度，促使企业照章执行。

在我国，很多企业只在年末对现金进行盘点，由出纳人员盘点出现金的实际存储数额，财务会计将其复核后与总账里的数额进行对比，检查二者是否一致，然后填写现金盘点表。但是在一些企业特别是中小企业，由于其内部的财务会计人员责任心不强等原因，往往对在企业现金盘点过程中发现的问题不上报，弄虚作假，企图蒙混过关，这就需要企业加强对财务会计人员的监督检查，增强财务会计人员的责任心，更重要的是要及时发现问题，把企业的损失降到最低。

要提高企业管理水平，首先，应严格规范财务会计人员的操作行为，并严格管控企业资金情况，明确资金动向，不断提高资金使用效率。其次，应加强动态化监督模式的应用，合理申请资金，基于统筹全局的视角掌握资金，严格审查资金的使用情况。

此外，企业还要注重银行日记账以及银行对账单的核对，对未达的账目真实性进行检查。在银行存款业务方面，企业应该安排专门人员每个月底和银行进行核对，在核对成功后出具财务报表。如果发现其中有差错，应及时查明原因，尽快解决。

（二）结合现代先进手段

随着我国社会主义市场经济的不断发展，企业的经营活动日益增多，企业所处的市场环境也在不断变化，企业需要处理的财务信息也在不断地增加。财务信息的增加会给企业财务会计管理带来极大的挑战。因为，企业对财务信息的时效性和准确性的要求越来越高，特别是随着信息化时代的到来，企业要想保证财务信息的真实性、准确性、可靠性和及时性，就必须改变传统的信息处理方式，对企业财务会计管理手段进行现代化改造，更多利用计算机技术和各种网络技术来处理财务信息，这样企业不仅可以提高信息处理的质量和速度，更可使其财务信息迅速、及时地传达给企业管理层，为企业管理者进行决策提供科学依据。

在信息技术应用方面，首先，企业应定期更新和完善现有设施，使其更具完整性和先进性。其次，企业应加强电子查询系统的构建，不断提高网络运营环境的完善性，发挥数据支持的作用。最后，企业应加大技术创新力度，加强新型软件的研发。除此之外，企业还应加强线上报账和查账平台的构建。借助信息科技的扶持，诸多线上报账和查账平台应运而生，在财务管理工作中得到了广泛应用，对于财务会计核算方式的创新也具有一定的推动作用。线上报账和查账平台可以帮助企业节约人力成本，还可以提高数据处理效率，保证财务会计核算的准确性。

企业财务会计顺应信息化时代发展将有利于企业在高速发展的时代中站稳脚跟，也将有利于企业改善其经营管理模式，提高其经济效益。信息化的财务会计工作将帮助企业管理者进行科学决策，提高其决策的科学性与合理性。对于财务会计人员来说，财务会计顺应大数据时代的发展趋势可以提高财务会计人员的工作效率与质量，便于其进行各项财务会计方面的管理工作，为企业带来更多的经济效益。信息技术在财务会计中的运用还可以加强企业对资金的管理，提高资金使用效率，确保资金的合理使用，同时使资金的调度更加灵活、高效，保证企业资金运行的安全性。

（三）培养优质专业人才

随着信息时代的迅速发展，各个企业对人才质量以及数量的需求都有所提升。为了更好地解决财务会计管理问题，企业一定要从根本方面，即人力资源方面着手，构建一个综合素质较高的财务会计团队，这对于企业财务信息真实性的提升可起到一定的促进作用。企业要加大对财务会计人员的培训力度，邀请一些具有专业资质的财务会计培训机构，将目前较为先进的财务会计工作方法与财务会计工作理念传授给企业财务部门。通过这种方式，企业可提升财务会计人员的业务水平。企业应建立完善的考核机制，在财务会计人员培训结束后，通过考核其学习成果的方式来强化财务会计人员对培训知识的记忆。同时，财务会计人员要有意识地不断总结学习成果，从而将理论知识更好地渗透到实际的财务会计工作中，从而实现其财务会计专业技能质的飞跃。

企业在财务管理的过程中可以通过以下几个方面来提高其财务会计人员的素质。首先，对于企业的财务会计人员而言，其需要加强对新时期财务会计的理解，通过开展专门的培训，使其对企业的财务会计管理工作进行深入认识。其次，财务会计人员要跟随时代发展而进步，这样才能增强企业在市场上的竞争能力。最后，企业管理者要重视人才培养机制。对于一些有条件的企业而言，培养一批优秀的财务会计人员是企业宝贵的财富。

在当今社会，提升企业人员的素质要培养其职业道德。具体到企业的财务部门而言，其要从德育的角度出发，使财务会计人员充分意识到自身职能的重要价值。同时，财务会计人员在工作时，要有一种神圣的使命感，杜绝财务部门中低效现象的发生。目前，在企业中，德育工作要得到全方位的深化，各企业正如火如荼地发展和完善自身的管理体系。为此，企业要效仿事业单位，对财务会计人员进行定期的道德教育考核和培养，杜绝形式化考核，从而有效地培养财务会计人员的职责意识。

（四）明确财务会计目标

在新经济形势下运行的企业在其自身的发展过程中有着各种各样的运行模式，其中目标管理的多元化是财务管理中的一种现代体制，它的主要目标就是要实现整个企业利益的最大化。在企业的发展过程中会出现各种各样的问题，企业要学会应对各种问题，并要及时地解决问题，才能够让企业平稳发展，慢慢成长。其中有可能会出现一些物质资源上的缺乏以及在使用物资上的不对等问题，这些都会使财务会计管理方式发生变化。随着新科技、新手段的运行和发展，企业的目标流程和期望利益也有了很大程度上的转变，因此财务会计人员还要对企业内的财务管理目标加以界定，详细规划企业的工作任务、工作内容以及发展方向。

企业要认清整个社会的发展方向，只有把握住时代发展的脉络，才能在时代发展之中抢占先机。人们也要清醒地认识到，现在的社会已经不是过去的那个只要出卖劳动力就能够换取社会地位和养家糊口的社会了，现在的时代大方向是知识就是最大的生产力，知识结构、知识能力已经成为整个社会的主要发展动力。知识作为当今时代最大的竞争能力，具有可移动性与创造性，这种出色的创造能力让整个社会与企业人才之间的联系变得更加紧密且深入。判断一个企业的成功或者失败与否，需要看这个企业中的人才流动链和资金供应链，以及知识在企业管理中的应用成功与否，所以企业财务会计人员要更加重视对知识结构的构建和管理。

第五节　财务会计的影响因素与优化策略

财务会计工作的顺利开展，可以帮助企业更加快速和健康地发展。企业在贯彻可持续发展战略的同时，要明晰财务会计的影响因素，做好财务会计的管理工作，使自身更好地适应新时期的发展节奏，采取有效措施，有针对性地进行改革创新，提高财务信息的质量及利用效率。

一、财务会计的影响因素

（一）经济因素

我国是以生产资料公有制为主，多种经济成分共同发展的社会主义国家。国有企业在整个经济发展过程中发挥主导作用。在经济体制上，我国实行的是社会主义市场经济体制，在这种体制下，市场调节和国家宏观调控两者缺一不可。在分配制度上，我国以按劳分配为主，其他分配制度为辅。这些特点共同决定了财务会计的中国特色。我国政府宏观调控的力度较大，决定了我国财务会计在管理体制上的特色。在社会主义市场经济体制下，企业自主经营，自负盈亏，国家不再直接管理国有企业。国家势必会通过会计准则的制定来体现其对财务信息质量的要求。政府行为对财务会计的影响是巨大的。

我国自改革开放以来，科学技术受到重视，其与社会发展的关系也越来越紧密。特别是在经济全球化以后，国家与国家之间既相互竞争又相互依赖。而其中，高科技领域间的合作与竞争，就是各国间进行经济合作的重要参考因素。知识经济的发展变化，使财务会计的发展环境也发生了变化。当前的知识经济时代，已经开始从根本上改变经济结构，对经济的运行状态等也产生了较大影响。不可否认的是，财务会计是现代化发展的重要组成部分。随着科技的不断进步，相关企业已经开始使用电子计算机进行财务会计活动。知识经济的发展对财务会计提出了更高的要求，需要财务会计提供更加及时、准确和完整的信息，方便企业在发生突发事件时可以及时地做出决策。在知识经济的推动下，企业需要迎接挑战，对财务会计进行相应的改革。新的财务会计在无形中拓宽了资产核算的范围。在知识经济的前提下，企业要充分认识知识生产力，深入了解新概念、新法律、新变革，从而达到客观上拓展核算范围的目的。企业要不断地转变观念，提升对科学知识的重视程度，进而达到提高企业经济效益的最终目的。

（二）政治因素

我国是民主集中制的社会主义国家，公有制经济在国民经济中占主导地位，企业的社会效益目标应高于利润最大化目标。我国国有企业众多，占社会资源的比重大，国有企业是国民经济的支柱，国家必然要通过财务会计准则的制定来体现对财务信息的要求。因此，制定财务会计准则要首先考虑国家利益，政府作为国家权力的执行机关，表现为国家各级行政机关的职能直接关系到财务会计制度的建设。在计划经济时期，政府的机构设置及其职能的运行方式必须服从于计划经济的要求，政府既是国家的行政管理者也是国家的经济管理者，使经济决策权高度集中，我国直接使用行政手段进行经济管理，形成了以国有经济为主体的经济管理格局。

（三）科技因素

科学是关于自然界、社会和思维的客观规律的知识体系，是人们在社会实践的基础上产生和发展的经验总结。技术是进行物质资料生产所凭借的方法或能力。科技的发展是人类社会发展的直接动力和源泉，科学技术作为第一生产力，在人类社会的发展进程中已充分显示出其不可替代的作用。

科技的发展带来了人们科技理念的更新，带来了技术手段的变革。在全球科学技术飞速发展，社会经济不断进步的同时，财务会计学科在财务会计的方法体系、财务信息的传播形式等方面，都与飞速发展的形势有着明显的差距。在经济全球一体化的市场环境下，一方面要求财务信息走向国际化，为企业产品参与市场竞争提供基础条件；另一方面要求财务信息的组织方式、传递机构等逐步实现国际化和标准化。在知识经济时代下，决定一个企业生存和发展的是人力资本、知识产权、专有技术、信息资产等无形资产。由于无形资产在企业中地位的显著提高，财务会计核算的重点将从有形资产转移到无形资产上。知识产品中无形资产的计价、金融衍生产品的计量、人力资源会计的构建、新经济运行会计模式的建立等，也会给财务会计发展提出新的挑战。

（四）教育因素

财务会计是社会经济发展到一定阶段的产物，纵观财务会计发展史，可以看到财务会计的发展深受社会环境的影响。而社会环境中的人文环境，又是影响和制约财务会计管理活动的重要因素。因此，通过人文教育对财务会计影响进行研究，加强人文教育进而创建良好的人文环境，对于当今财务会计行业的发展有着十分重要的作用。由于我国教育水平相对较低，财务会计人员整体素质不高，在财务会计工作中对所采用的方法和技术以及财务报告的编制要求也不高。总的来说，财务会计人员的学历层次仍然偏低。财务会计人员知识结构的陈旧使许多理论上完善的财务会计方法，要么无法实施，要么在实施时大打折扣。

另外，部分财务信息使用者受教育水平较低，财务信息的有效性也因此降低。随着经济的发展，当前市场条件对于拥有创新精神的复合型财务会计人才的需求越来越大，但各类高校对于此类财务会计人才的供给却远远达不到社会所需。在市场经济环境下，社会各方面要注重对财务会计人才进行社会责任感的教育，加强对学生竞争意识、开拓创新精神的培养，而不仅限于对财务会计技能的熟练掌握。因为仅有财务会计专业知识的人才已经远远不能适应社会发展的需要，新一代的财务会计人员要有深厚的人文底蕴和扎实的专业知识，而这正是通过人文教育的加强才能够使其获得的素质。所以，只有加强人文教育，才能够满足市场经济对财务会计人才的要求。

二、财务会计影响因素的优化策略

（一）完善企业财务制度及内部控制制度

企业要想实现对内部财务工作的控制，就必须对自身的组织结构进行优化，明确各部门及员工的职责，将责任细化并落实到具体的每一个人身上。对企业运营中的各项资金消耗与建设项目支出进行全面的规划和管理，要求财务会计人员将计划有针对性地落实下去。在不同的部门及其工作人员之间要建立监督机制，对工作中所发现的问题及时进行纠正。在开展预算控制工作时，企业要将费用的支出与收入情况作为工作重点，从预算的编制、审核及命令下达等方面入手，详细分析预算结构，及时解决工作过程中发现的问题。企业应完整、准确地记录各项业务活动中的支出及收入，安排专业人员进行财产保全，不允许任何人在未经批准的情况下动用企业款项。企业要增强各部门工作人员的风险意识，使其对工作中可能存在的风险做好防范工作，以避免企业遭受不必要的损失。

另外，在网络经济发展的时代，相关部门要尽快建立和完善电子商务法规，规范网上交易的购销、支付及核算行为，同时借鉴国外有关研究成果和实践经验，制定符合我国国情的网络财务信息管理、财务报告披露的法规、准则，从宏观上加强对信息系统的控制。确保疏通信息传递渠道，调整企业价值链，从而协调各部门、各环节间的协作关系，为企业创造最大化的价值服务，即利用财务会计特有的职能与方法为企业实现最大化的价值增值服务。

（二）优化财务会计发展的社会经济环境

影响财务会计的存在、发展及变化的因素共同构成了财务会计的社会经济环境，它涉及诸多因素，从人到物，从自然到社会，从历史到文化，几乎无所不包。为了不断与社会经济环境的变化相适应，企业的财务会计环境也发生了巨大的变化。企业的财务报告遵循特定的财务会计准则，采用通用的模式进行编制。但是随着知识经济时代的来临，现有的企业财务报告因滞后于环境的发展变化而显示出了一些缺陷和不足。随着计算机网络通信技术的快速发展，这些环境上的变化都为企业财务报告的改进带来了机遇。

（三）推动财务会计工作信息化改革

在科学技术和信息技术不断发展的当下，企业开展信息化改革已经成为必然趋势。为了确保财务信息的质量，企业可以借助信息化技术手段，在减轻财务会计工作量的基础上，展现出企业信息化发展水平。企业应在政府部门的积极倡导之下，寻求管理部门的帮助，在企业中构建起信息交互系统。将财务信息系统与企业各个部门系统进行联系，及时掌握企业各部门的资金流动与资金走向，并在信息化基础的保障之下，确保各个部门的财务往来信息得到及时捕捉。在分析财务信息时，企业还可以利用大数据挖掘技术手段，及时对财务信息潜在的质量隐患与财务信息中的错误进行查询和把控。在信息化技术的大力支撑下，全面开展财务信息化系统构建，可为财务信息的收集、整理、处理和利用等各项工作带来便捷。

（四）提高财务会计人员的素质

企业应当建立复合型人才培养机制，从人才的整体素质培养出发，提出严格要求。首先，对现有的财务会计工作人员进行定期培训，增加其专业知识储备，拓宽其知识领域，并配合设置一些实践活动，使其基础知识得到巩固。现代化信息技术在很多行业得到普遍应用，企业也要加强相关工作人员的技术改革及创新，并购进一些先进设备，引进现代化技术，培养工作人员熟练操作的能力。其次，在人才招聘时，企业要对应聘人员进行全面考察，不仅要对其专业技能有严格要求，还要对其道德素养有较高的衡量标准。最后，财务会计人员还要有严谨的学习精神及积极的工作态度，善于沟通和交流，这样有助于各部门间的团结协作，为相关部门的工作人员创造良好的工作氛围，进一步保证财务信息的准确性和可靠性，提高信息的质量。

传统的财务会计人员在企业中担任的角色更多只是事后核算人员，但在财务共享时代，企业的财务与业务需要相互融合，财务会计人员要真正参与到企业经营管理的全过程中。财务会计人员应该能为企业管理提供对于决策有价值的建议，而不仅仅是提供财务信息。财务会计人员掌握专业技能，才能使财务工作与企业各项活动进行有效融合，才能更好地从价值角度对现代企业进行事前、事中、事后控制。比如，在缴纳税款业务方面，企业财务会计人员不仅要能够减轻企业的税收负担，更重要的是利用信息共享实现企业有效的纳税筹划。另外，企业的风险控制、内部审计监督等方面也需要财务会计人员具备综合能力。

在新经济形势下，企业需要财务与业务融合应用的综合型人才。在财务会计人才培养过程中，企业要首先明确影响财务会计技术发展的关键因素，才能从教育教学的根源出发，形成适应社会经济发展和企业经营发展的环境。

第二章 财务会计与管理会计辨析

在企业管理体系中，企业财务会计和管理会计是主要组成部分。基于我国企业转型的深入和国民经济的发展，财务会计和管理会计融合的趋势已经非常明显。企业要想在激烈的市场竞争中占有一席之地，就必须系统地进行会计核算，从而增强企业在市场中的综合竞争力，实现企业的可持续发展。本章主要内容包括管理会计概述、财务会计和管理会计的区别与联系、财务会计和管理会计融合的人才基础、财务会计和管理会计融合的路径和措施等。

第一节 管理会计概述

管理会计是企业内部发展过程中的报告会计，与财务会计有着本质的不同。企业管理会计的主要工作是为企业的决策提供合理的分析，在一定范围内影响企业的发展，以使企业获得经济效益。管理会计是企业会计的一个分支，且为独立的分支，在企业的运行过程中发挥着决策、管理服务、经营以及分析等作用，是一个具有指导性的部门。

一、管理会计的含义

会计信息是帮助信息使用者进行决策的有效信息。那么，会计信息需要提供给哪些决策者呢？

一是管理者。在日常经营活动和经济决策中，管理者需要会计信息，以实现对其控制范围内稀缺资源的合理分配和使用。他们必须知道不同决策可能带来的结果，并得到对决策的实际结果的反馈，以提升决策效果，改进不良决策。

二是所有者。现代企业两权分离，所有者远离经营实体，他们关注资本的风险和可能的回报。他们需要根据会计信息做出与投资相关的决策。同时，他们也关心企业是否有能力为其提供回报。

三是债权人。债权人为企业提供债权资本，关心企业是否能按时偿还本息。

四是员工。员工为企业提供服务，关心企业是否能持续为其提供工资、养老金保障和职业发展机会。

五是供应商、顾客、政府部门、社会公众等。这些利益关系团体为维护其利益，也需要了解会计信息，如销售、利润、股价等信息。

上述信息使用者形形色色，但基本上可以划分为两大类：企业内部使用者（管理者）和企业外部使用者。由此，会计产生了两个分支：财务会计与管理会计。财务会计是为企业外部使用者提供会计信息的会计，它主要通过提供定期的财务报表，为企业外部同企业有经济利益关系的各种社会集团服务，发挥会计信息的外部社会职能。管理会计是指以现代管理理论和会计学为基础，以加强企业内部管理和提高经济效益为目的，通过广泛利用会计信息和其他资料，对企业经济活动的全过程进行预测、决策、规划、控制、考核和评价，为企业内部管理人员和决策者提供有用信息的管理系统。

对管理会计含义的描述有很多，但应该注意掌握以下几点。

第一，管理会计配合管理理论的发展，从会计学科体系中分离出来，与会计有着千丝万缕的联系，需要利用大量的会计资料。

第二，管理会计主要是为企业内部管理服务的，为企业管理人员进行内部管理与决策提供支持。

第三，管理会计的主要服务形式是数据，其利用经过大量加工后的数据服务于企业内部管理。

二、管理会计的产生和发展

（一）管理会计的产生

管理会计是一门新兴学科，它的产生经历了一个由简单到复杂的不断完善的过程。20世纪初，自由资本主义经济向垄断资本主义经济过渡，手工作坊发展为较大的企业，生产规模不断扩大，生产过程逐渐复杂，竞争日益激烈。在这种情况下，单凭企业主个人的主观经验很难适应现代企业的发展，需要一些专业的经理人员按照企业主的意志，采取科学的方法对企业进行管理。科学管理的代表人物泰勒（Taylor）根据自己多年对劳动过程和作业成果的研究提出，在工厂（企业）管理中，单凭个人的直接经验和传统的管理方法不可行，必须在对劳动过程进行具体记录和计算的基础上，科学地安排各项工序，制定严格的作业效率标准，确定工时定额，推行计件工资制，实行科学管理。这些内容集中体现在他的专著《科学管理原理》一书中。科学管理的应用规范了劳动过程，节约了劳动时间，增强了工作责任，提高了工作效率，促进了生产发展。与此相适应，会计要从价值方面进行记录、计算、分析和计划，科学地考核与评价经营成果、劳动效率和生产消耗，于是，标准成本制度、预算控制制度和差异分析制度等制度应运而生，这些内容后来都成为管理会计体系中的重要部分。

　　第二次世界大战以后，资本主义经济进入新的发展阶段，生产规模越来越大，机械化程度越来越高，资本更加集中，市场竞争更加激烈，失业率逐渐提高，经济危机频繁发生。如果仍然恪守泰勒科学管理阶段的那套办法，不重视对企业的未来进行整体规划，忽视调动企业员工的能动性和积极性，就很难维持企业的生存与发展。这种形势迫使企业管理者逐渐把工作重心转向企业内部的经营管理，广泛推行职能管理和行为管理，调动各方面的积极因素，充分发挥人力、物力、财力的积极作用，特别注重对未来经营目标的决策。企业的兴衰在很大程度上取决于企业应变能力的强弱。决策正确，企业就能发展得好，对市场形势预测不准，不能及时调整产业结构，企业就会面临衰落。因此，企业管理者应采用各种方法，对企业的未来进行预测和分析，对各种决策方案进行比较筛选。在此基础上，对决策目标进行科学筹划和全面预算，并通过责任预算、标准成本控制加以执行。20世纪50年代以后，科学技术发展突飞猛进，新兴产业大量涌现，资本高度集中，通胀、银根紧缩、股份公司应运而生。在股份公司内部，股东和债权人一般不直接从事生产经营活动，而是委托专业的管理人员进行管理，财产所有权与经营权逐渐分开。管理人员为了获得更多的利润，千方百计地对企业进行运筹规划，使企业增强活力，在市场竞争中立于不败之地。股东考虑的是股利，债权人考虑的是利息以及本金的安全，因此，他们需要在事前了解投资环境、资本回收期和资本利润率的高低。企业管理者不仅需要对企业的生产经营活动进行科学的决策和控制，而且需要充分利用投资，加速资金周转，以便获得更多的利润，并向与外部发生利害关系的部门报告。管理者的这些活动，使会计的职能向两个方向发展：一是正确、及时地核算资本周转情况，并按照一定的准则提供可靠的会计信息资料，以满足企业外部有关部门的需要；二是进行预测和决策活动，准确地预测未来，科学地规划现在，严格地控制目标执行。而后者便是管理会计的职能。

（二）管理会计的发展

　　管理会计作为一个相对独立而且比较完整的理论体系，是随着科学技术的进步和社会经济的发展而逐步形成和发展起来的。其先后经历了传统管理会计和现代管理会计两个发展阶段。

1. 传统管理会计阶段（20 世纪初—20 世纪 50 年代）

20 世纪初，资本主义经济已经有了相当的发展，但是在一般企业的管理中，以经验和直觉为核心的传统管理方式仍占据着统治地位，不少工厂经营粗放，资源浪费严重，管理混乱，生产效率也较低。因此，如何利用先进的科学管理手段代替落后的传统管理手段，使企业各级管理工作得到较大的改善，以适应资本主义经济发展的需要成为一个亟待解决的现实问题。于是，集中体现科学管理理论和方法的"泰勒制"在 20 世纪初应运而生。"泰勒制"的特点是科学地分析人在劳动中的机械动作，制定最精确的操作方法，实行最完善的计算和监督制度。其核心是强调生产效率的提高。

推行"泰勒制"使企业管理得到空前加强，生产效率得到显著提高，在生产经营活动实现标准化和制度化的同时，原有的会计体系也发生了相应的变化和发展。其主要表现是，与泰勒的科学管理方法紧密相连的某些技术方法，如标准成本、预算控制、差异分析等方法相继出现，不仅使成本会计增加了许多新内容，而且为会计直接服务于企业管理开辟了一条新途径。此时的会计已经突破了单纯的事后计算模式而开始引入事前规划，并进而将事前规划同事后计算分析相结合，在提高生产效率、改善管理等方面发挥着越来越重要的作用。上述这些新的技术方法的出现，表明原有会计体系主体内容和基本结构发生了某些变化，意味着成本会计已经向管理会计过渡。当时，有人将会计领域的这些新内容综合起来，称为"管理会计"，并著书立说。1922 年，奎因坦斯（Quaintance）和麦金西（Mckinsey）分别出版了《管理会计：财务管理入门》及《预算控制论》。1924 年，麦金西的世界上第一部以"管理会计"命名的书籍《管理会计》和布利斯（Bliss）的《通过会计进行经营管理》也相继问世。这些专著的出版为管理会计的形成奠定了理论基础。以泰勒的科学管理理论为基础，以标准成本和预算控制为主要支柱的管理会计在二十世纪二三十年代已初步形成，这一阶段的管理会计可以被看作早期的管理会计，是执行性的管理会计。

2. 现代管理会计阶段（20 世纪 50 年代至今）

到了 20 世纪 50 年代，经过第二次世界大战，发达资本主义国家的企业和它们所处的环境都发生了巨大的变化。一方面，现代科学技术迅速发展并大规模应用于生产过程中，生产力发展十分迅速，经济大幅度增长；另一方面，资本进一步集中，企业规模日趋扩大，形成了多层次的企业组织结构，并且大中型企业出现了多极化、多元化、跨国化的趋势，企业外部市场环境瞬息万变，生产经营形势越来越复杂，企业之间的竞争也越来越激烈，致使投资利润率下降，通货膨胀率上升，筹资困难。这些环境条件的变化对企业管理提出了新的要求，要求企业内部管理更加合理化、科学化，同时应具有灵活多变的反应能力和高度的适应能力。此时，泰勒的科学管理学说的重局部、轻全局，重企业内部生产工作效率的提高、轻与外界的联系的局限性充分暴露出来。于是，以"管理的重心在经营，经营的重心在决策"为指导思想的现代管理科学理论诞生了。

现代管理科学理论的创立及其在企业管理中的成功应用，不仅极大地提高了企业的经营管理水平，促进了资本主义经济的迅猛发展，而且以其现代管理理论和方法武装了企业会计，既扩展了传统会计的职能领域，又加速了会计的发展，促进了管理会计与传统会计的相互分离，使管理会计形成了在现代条件下致力于加强企业内部管理、提高经济效益的一整套理论与方法。1952年，"管理会计"这个专门词汇在世界会计学会年会上被通过，这标志着管理会计体系正式形成。这个阶段的管理会计可以被看作现代的管理会计，是以现代管理科学为基础的决策性的管理会计。

随着科学技术的飞速发展，社会科学和自然科学的各个学科也在不断发展和相互渗透。

在管理会计的理论研究中，数量经济分析、风险分析、数理统计、运筹学、管理工程学、现代决策论、控制论、信息论、系统论、现代心理学、行为科学以及计算机应用技术被广泛地应用，极大地丰富了管理会计的内容，使管理会计逐渐发展成为具有独特理论和专门方法的综合性的新兴学科。

进入20世纪70年代后，管理会计在世界范围内进一步发展，其理论与方法，如预算控制、责任会计等应用范围日益扩大，重要性日益增强，管理会计在经济活动中所发挥的作用也越来越大。此外，西方国家的各种管理会计的组织和刊物，对管理会计理论和方法的不断丰富、发展和完善起到了极大的推动作用。1972年，美国全国会计师联合会成立了独立的"管理会计协会"。同年，英国也成立了"成本和管理会计师协会"，它们分别出版了专业性刊物《管理会计》月刊，并在全世界发行。1972年，美国举行了第一届"执业管理会计师"资格考试，几乎与此同时，英国也安排了类似的考试。从此，西方国家出现了"执业管理会计师"职业，他们可以在自己的专门领域内开展工作，并有着较高的社会地位。

我国从 20 世纪 70 年代末才开始逐渐引进、介绍管理会计的知识。随着对外开放的深入和国际经济交往的不断增多，有关管理会计的知识在我国很快得到传播，其理论和方法已逐步应用于工作实践。广大会计工作者在全面学习和掌握管理会计知识的基础上，根据我国国情加以应用，为提高企业的经营管理水平，提高企业的经济效益，做出了应有的贡献。

总之，管理会计的形成与发展既是由于社会经济的发展和科学技术的进步对企业实行现代化管理的迫切要求，也是会计在企业管理中的作用日益提高和会计学科本身不断充实、完善和发展的必然结果，是会计学科成功跨入新的历史阶段的重要标志。管理会计的形成和发展是经济发展和科学技术进步的必然产物，它丰富了会计学科的内容，扩展了会计的职能。可以预计，随着经济的不断发展、科技的不断进步及现代化管理的不断更新，管理会计的基本理论和基本方法将日渐成熟，管理会计在经济管理中必将发挥越来越重要的作用。

三、管理会计的主要内容

管理会计的基本内容可概括为规划未来、控制现在和评价过去。管理会计可分为规划会计和控制会计两大部分。而与规划密不可分的是决策，与控制紧密相关的是业绩评价。因此，规划与决策会计和控制与责任会计是管理会计的两大基本内容。

（一）规划与决策会计

规划与决策会计是在预测企业前景的基础上，规划未来并参与决策。它首先利用企业的会计信息系统和其他管理信息系统所提供的信息和数据，在对这些信息和数据进行加工整理和"去伪存真"的前提下，运用特定的科学预测方法对企业未来的经营活动和各项经济指标（销售、成本、利润和资金等）进行预测分析，并利用专门的决策方法对与企业经营和投资有关的问题进行决策分析。然后将预测和决策所确定的各项目标和任务，用数量化的形式加以汇总、平衡、编制企业的全面预算，以便对企业未来经营活动的各个方面进行全面规划，使企业的各种生产要素和经济资源得到最优配置和合理、有效的运用，从而使企业取得最佳的经济效益和社会效益。规划与决策会计以决策会计为主体，主要是对各备选方案就其经济可行性方面进行分析评价，为管理者决策提供最优选择的信息。规划会计是事先计算，属于规划未来。规划与决策会计主要包括预测、短期经营决策和长期投资决策等。

1. 预测

管理会计从预测开始，根据短期预测和长期预测的资料，做出短期经营决策和长期投资决策，根据短期经营决策和长期投资决策的资料，就可以制定出企业的目标利润。预测一般包括利润预测、销售预测和成本预测等。通过预测分析，可以了解企业的生产经营前景和经济发展趋势，并在此基础上确定未来一定期间的各种经营目标。

2. 短期经营决策

短期经营决策是在确定企业未来经营目标的基础上，通过对有关可行性方案的经济效益进行计量、分析和评价，选取产品生产、设备利用、产品销售等方面的最佳方案。短期经营决策主要包括销售定价决策、产品生产决策、产品成本决策等内容。在短期经营决策中，主要运用本量利分析的方法。

3. 长期投资决策

长期投资决策是在确定预期投资报酬水平和考虑货币时间价值的条件下，通过对有关可行性方案的经济效果进行计量、分析和评价，选取产品开发、技术引进、设备购置与更新等方面的最佳方案。长期投资决策主要是以现值法为基础。

（二）控制与责任会计

控制与责任会计是预防性控制、前馈控制和反馈控制的手段，是根据规划和决策会计所制定的目标利润编制全面预算，对企业正在发生或将要发生的经营活动施加影响和监控，使之能达到或符合预定的目标或标准。全面预算采用变动成本法，成本控制则采用标准成本法。根据预算、控制的资料，运用责任会计方法，将企业按职责范围划分责任单位（责任中心），将预算确定的各项目标层层分解，在此基础上为每个责任单位编制相应的责任预算，定期进行行业绩评价。控制与责任会计可以保证企业的各项经济活动能按预定的目标进行，它是为企业管理中的分析过去和对现在与未来的经济活动进行控制服务的。控制与责任会计以责任会计为主体，主要是以计划或预算的形式来明确目标，并提供有关目标执行情况的信息，帮助管理者进行有效控制。控制会计是事中和事后计算，属于控制现在和评价过去。控制与责任会计主要包括编制预算、成本控制和责任会计等内容。

1. 编制预算

决策选定方案的实施和目标的实现，有赖于严密的计划和控制。计划包括长期财务计划、年度总预算和业务预算等。管理会计通过制订计划、编制经营预算和资本预算的方式，确定实施决策方案的步骤和目标。预算是将经营过程中的各项工作和目标逐步分解，使之数量化和具体化，并通过协作沟通层层落实，使之成为各执行部门的工作目标和依据。预算也是实施控制的重要环节。以变动成本计算法为基础的弹性预算是预算管理的有效工具。

2. 成本控制

由于企业的经营活动都涉及成本，因此成本控制是现代企业管理的核心。成本控制是根据历史成本资料和未来经济与技术发展情况测定，预先确定制造产品的标准成本，并通过与实际成本比较，分析各种成本差异，达到降低产品成本、加强成本控制的目的。成本控制一般采用标准成本制度。

3. 责任会计

责任会计是把经济责任同会计信息结合起来，以评价、考核工作业绩的一种会计制度，其目的在于加强企业的内部控制。实施责任会计，定期进行绩效考核，是现代管理会计的主要职能之一。企业应健全各项定额标准，明确各级经济权责，实行全面的经济核算，把责、权、利落实到各责任中心。责任会计的内容一般包括确定责任中心、落实责任预算、记录实际结果、比较执行情况、编制业绩报告、控制和调整经济活动等。

综上所述，现代管理会计以规划与决策会计和控制与责任会计为主体，并把规划和决策会计放在首位。需要注意的是，企业经营活动的各个环节和经营管理的各个方面都离不开成本信息的运用。管理会计在参与企业决策、编制计划和预算、帮助管理部门指导和控制经营活动的过程中，都贯穿着成本的确定和成本的计算，因此管理会计是以成本为重心的。

四、管理会计的职能

管理会计的职能是指管理会计实践本身所具备的内在功能。管理会计的基本职能可以概括为以下几个方面。

（一）预测职能

预测是决策的基础和前提。预测是指采用科学的方法预计和推测客观事物未来发展的必然性或可能性的行为。为了有效地帮助企业管理部门在经营活动中做出正确的选择，管理会计可以通过对生产经营活动中发生的各项经济指标进行科学的加工和整理，按照企业未来的总体目标和经营战略，充分考虑经济规律的作用及约束性，选择合理的量化模型，有目的地预计和推测企业在经营活动中某方面的变动趋势，为企业的经营决策提供备选方案。

（二）决策职能

决策的正确与否直接关系到一个企业的成败。决策是在充分考虑各种备选方案的前提下，尊重客观经济规律，通过一定的方法和程序对各种备选方案进行分析、计算和判断，最终进行评价、抉择的行为过程。决策是管理会计的一项重要职能，也是企业经营管理的核心。

管理会计发挥决策职能主要体现在，其根据企业决策目标收集、整理有关信息资料，选择科学的方法，计算有关长短期决策方案的评价指标，并做出正确的财务评价，最终筛选出最优的行动方案。

（三）规划职能

管理会计的规划职能是通过编制各种计划和预算来实现的。它一般是在决策方案的基础上，将经济目标分解落实到有关预算中，从而合理地组织协调企业的各项资源，对企业的经营活动进行具体的安排，并为经营控制和责任考核提供参照。规划是决策与实施之间的中间环节，是决策的延伸和具体化，是通向决策目标的重要途径。

（四）控制职能

控制职能是管理会计的重要职能之一。这一职能的发挥可以将企业经济管理过程的事前控制与事中控制有机地结合起来，在事前确定科学、可行的各种标准，并根据执行过程中发生的实际与计划的偏差分析原因，以便及时采取措施进行调整，确保预算目标的实现。其控制的内容主要有全面预算控制、标准成本控制、保本分析控制等。

（五）考核评价职能

管理会计实施考核评价职能，是通过建立责任会计制度（以下简称"责任制"）来实现的。责任制是行为科学在企业管理中应用的结果。通过落实责任制，明确各部门及个人的经济责任，逐级考核责任指标的执行情况，找出成绩与不足，可为奖惩制度的实施提供必要的依据。

五、管理会计的方法

从总体上看，管理会计所用的基本方法属于分析性的方法。管理会计所用的分析性方法尽管在不同条件下具有多种不同的表现形式，但是如果对它进行集中和概括，可以看到，"差量分析"是作为一种基本的分析方法贯穿始终的，它在不同情况下的应用有多种不同的方法，如成本性态分析法、本量利分析法、边际分析法、成本－效益分析法和折现的现金流量法等。

第一，成本性态分析法将成本表述为产量的函数，分析它们之间的依存关系，产量增加了，成本是否增加，增加到什么程度，然后按照成本对产量的依存性，最终把全部成本区分为固定成本与变动成本两大类。它联系成本与产量的增减动态进行差量分析，是管理会计中的一项基础性内容。

第二，本量利分析是"成本－产量（或销售量）－利润"关系分析的简称，本量利分析法是在成本性态分析法和变动成本法的基础上发展起来的，主要研究成本、销售数量、价格和利润之间数量关系的方法。其核心部分是确定"盈亏临界点"，并围绕它从动态上掌握有关因素变动对企业盈亏消长的规律性的联系，这对于企业在经营决策中根据主客观条件有预见性地采取相应措施实现扭亏增盈有重要意义。

第三，边际分析法是增量分析的一种形式。它涉及的增量有两类，一类是自变量的增量，另一类是函数的增量。由自变量的微量变化所引起的函数的精确变化率，就是边际，在数学上是用导数来表示的。边际分析的最大特点是，它可用来作为确定生产经营最优化目标的重要工具。企业生产经营的最优化目标，如成本最低、利润最多等，都可以运用边际分析法来确定其最优的边际点，使企业生产部门具体掌握生产经营中有关变量联系和变化的基本规律，从而有预见性地采取有效措施，最经济、有效地运用企业的人力、物力和财力，实现各有关因素的最优组合，争取最大限度地提高企业生产经营的经济效益。边际分析的这些特点和优点使它在企业经营决策中得到了广泛的应用。

第四，成本－效益分析法是指在经营决策中，适应不同的情况形成若干独特的"成本"概念（如差别成本、边际成本、机会成本、沉没成本等）和相应的计量方法，以此为基础，对各种可供选择方案的"净效益"（总效益与总成本之差）进行对比分析，以判断各方案的经济性。这是企业用来进行短期经营决策分析评价的基本方法。

第五，折现的现金流量法将长期投资方案的现金流出（投资额）及其建成投产后各年能实现的现金流入，按复利法统一换算为同一时点的数值来表示，然后进行分析对比，以判断有关方案的经济性，使各方案投资效益的分析和评价建立在客观可比的基础上。这是企业用来评价长期投资决策方案的基本方法。

六、管理会计的发展趋势

随着经济的发展，企业的内部和外部环境也在迅速变化和发展。为了适应企业管理的需要，管理会计无论是在概念上还是在内容和方法上都有了很大的发展，涌现出以作业成本法、经济增加值、平衡计分卡等为代表的管理会计创新方法与理念。未来经济的发展会使企业的生产技术水平日益提高，间接费用的比重大大增加，传统的成本计算方法已经不能精确地核算产品成本，而作业成本法按作业计算分配成本有效地解决了这个问题。

作业成本法是以作业为基础的成本计算方法。作业成本法的基本理论认为，企业的全部经营活动是由一系列相互关联的作业组成的，企业每进行一项作业都要耗费一定的资源，而企业生产的产品需要通过一系列作业完成。企业根据引起作业成本变动的成本动因分配成本，能够使成本的计算更为合理、准确，并为消除或减少非增值作业及改进增值作业提供依据。因此，作业成本法在未来将会得到更加广泛的应用和推广。

经济增加值和平衡计分卡是新兴的企业业绩评价方法。传统业绩评价体系以利润来衡量企业经营业绩，容易导致企业经营者为粉饰业绩而操纵利润。而在计算经济增加值时，需要对财务报表的相关内容进行适当的调整，从而可以在一定程度上减少会计信息的失真。经济增加值与会计基础的业绩评价指标相比，最大的区别在于它将权益资本成本也计入资本成本，有利于减少会计基础指标对经济效率的扭曲，从而更准确地评价企业的经营业绩，反映企业的资本运作效率。

平衡计分卡是以企业战略为核心，分别从财务、客户、内部运营和学习创新四方面对企业的经营业绩进行评价的一种综合业绩评价体系。传统的企业经营业绩评价体系主要是利用财务指标，而平衡计分卡最大的特点就是强调在进行业绩评价的时候应将财务指标和非财务指标相结合。

管理会计在未来的发展过程中将转向战略管理会计，因为传统的管理会计逐渐暴露出封闭性、短期性、单一性和缺乏应变性等弊端，不能适应企业战略管理的需要。战略管理会计可以更好地支持企业战略的制定、实施和评估。

第二节　财务会计和管理会计的区别与联系

在现代市场经济中，企业作为市场的主体，以股份有限公司为基本的组织形式，因而现代企业财务会计的主要特点集中体现在股份有限公司的财务会计上。随着股份有限公司这种经济组织的形成和发展，作为公司所有者的股东，广泛地分散在社会的各个角落，其中的绝大多数已远离经营的实体。他们同外部的债权者集团一样，同企业有经济利益关系但不直接参与企业的经营管理，企业的经营权交给由董事会挑选、聘任的经理人员——学有专长的企业家去行使。这种以股份有限公司为基础出现的所有权和经营权分离的现象，对现代企业会计产生了重大而深刻的影响。

正是基于企业的所有者与管理者的不同信息需要，现代企业财务会计逐步形成了两个相对独立的领域——财务会计与管理会计。财务会计主要通过提供定期的财务报表，为企业外部使用者服务，发挥会计信息的外部社会职能；管理会计则为企业内部使用者提供经营决策和改善经营管理的有关资料，发挥会计信息的内部管理职能。会计作为一个信息系统，在现代经济管理中有着重要的信息职能。会计信息外部社会职能与内部管理职能的充分发挥，是会计信息在现代经济管理中发挥作用的集中表现。

一、财务会计与管理会计的基本框架

（一）财务会计的基本框架

财务会计的基本框架，是以用货币形式反映在会计凭证中的经济数据为基本的投入，以账户体系为基本的分类模型，以财务报表为基本产出的。资产负债表、利润表、现金流量表和所有者权益变动表组成了基本的财务报表体系。会计信息外部使用者因远离企业生产经营的实体，主要通过企业提供的财务报表获得有关的信息，自然要求财务会计站在"公正"的立场上，客观地反映情况，以保证有关的信息资料的真实、可靠。为此，要求财务会计从日常的账务处理到财务报表编制，严格遵循符合国家法令和社会公益要求的规范化的程序和规则，以取信于企业外部具有不同利益关系的集团。这里所说的规范化的程序和规则，通常是以"公认会计原则"的形式表现的。

财务会计以"公认会计原则"为依据进行业务处理，并按照规定的会计期间，对企业定期进行财务总结与报告，分期确定企业生产经营的财务成果——经营利润或亏损，这是财务会计的一项重要职能。为此，要将一定期间内已实现的收入和为取得这些收入所耗费的成本费用相结合，将收入减去成本费用，如差额为正，说明这一期间的生产经营获得了经营利润；反之，则表明该期间的生产经营不仅没有获得利润，反而发生亏损。为使收入与成本的结合符合客观实际情况，财务会计必须认真贯彻"权责发生制"的记账基础，正确进行跨期费用的待摊、预提与跨期收入的调整。这是有经济根据地进行收入与成本的结合，正确确定分期财务成果的一个基本条件。

上述基本指导原则的贯彻执行，有助于财务会计严格按照符合公众要求的会计程序进行业务处理，以保证其提供的会计资料具有一贯性和公正性。这样，就能减少数据使用者对于财务报表在阅读和分析解释上的困难，同时也有助于数据使用者更准确地判断企业经济活动的真实情况及发展趋势，从而有利于投资者、债权人、政府等相关信息使用人进行决策。

另外，财务会计通过财务报表及其分析解释向外部使用者传递主要会计信息。资产负债表、利润表、现金流量表和所有者权益变动表组成了基本的财务报表体系。由它们提供的数据以及相应的分析解释，可以直接或间接地向外界数据使用者传递主要会计信息。

会计信息的外部使用者主要包括目前的和潜在的投资人、债权人、用户、政府机构、股票交易所、工会组织以及某些专业咨询组织，如资信评估机构、证券分析者等，其中投资人和债权人在外部使用者中居主导地位。会计信息对决策的有用性，是现代会计的一个主要特点。决策是面向未来的，财务报表提供的信息虽然主要属于历史性的信息，但它们对外部使用者仍有很大的价值。因为外部使用者根据会计信息做出的有关决策都涉及某种预测，而历史性信息是预测未来相关信息最重要的基础。例如，财务报表传递的关于企业盈利性的信息对目前的和潜在的股票投资者而言是非常重要的。他们要对是否买进、出售或保留企业的股份进行决策，未来股利和股票市价是确定股票主观价值的主要标准，而未来的股票市价又同未来的股利水平密切相关。这样，财务报表传递的有关企业盈利情况的信息，就成为股票投资者预测企业未来盈利的所有相关信息中最重要的一项信息。企业的长期债权人，即企业长期债券目前的和潜在的持有者，基于对企业债券付息还本的保证性及其市价涨落的关心，可综合运用财务报表所提供的信息，对企业的盈利水平和长期财务状况进行评价。企业目前的或潜在的短期债权人，即原材料供应商和短期债券持有者等，则依据财务报表了解企业盈利水平的消长变化，通过企业资产的流动性，掌握其偿债能力的变化，据以进行材料供应上的财务安排或短期债券资金融通上的有关决策。

除此以外，证券交易所可据以了解投资指导的有关信息，工会组织可据以了解劳资关系的有关信息、税务机关可据以了解纳税义务履行情况的有关信息，政府机构可据以了解法律法规是否得到严格遵守的有关信息。

综上所述，财务会计通过财务报表为外部使用者传递有关会计信息，有些可满足许多使用者的共同需要，有些则着重满足某些使用者的特定需要。它们互相配合，共同发挥着会计信息的外部社会职能。在现代经济管理中，会计信息的外部社会职能，从较简单的财产管理责任关系的处理，发展到较复杂的经济利益分配关系的协调，进而发展到高级形式的为优化经济资源的配置服务。这是因为，在市场经济发展的条件下，各个独立的经济实体，在经济利益的驱动下，参照财务报表传递的相关信息，正确进行股票投资、债券融资的决策，材料供应、贷款发放的决策，有助于促进生产要素的合理流动，引导经济资源的流向，把全社会的经济资源调配到效益最高的企业中去，达到优化社会资源配置，全面提高企业经济效益的目的。由此可见，在现代市场经济中，市场机制是结合会计信息的提供和传递而充分发挥其经济调节作用的。这是会计信息在现代企业管理中发挥重要作用的具体体现。

（二）管理会计的基本框架

在现代企业管理中，管理会计为企业内部使用者提供管理信息，管理会计的基本框架由决策与计划会计和执行会计两个部分组成，如图2-1所示。根据现代化管理的信息要求，管理会计基本框架的上述两个组成部分以决策与计划会计为主体。现代企业生产规模越来越大，生产经营日趋复杂，企业外部环境又瞬息万变，竞争十分激烈。这些环境和条件对企业管理提出的基本要求有：一方面，强烈要求企业的内部管理更加合理化、科学化；另一方面，要求企业对外部环境具有灵活反应和高度适应的能力。否则，企业就会在激烈的竞争中被淘汰。"管理的重心在经营，经营的重心在决策"正是适应当代客观经济环境和条件提出来的企业管理的基本指导方针，它把决策提高到前所未有的地位上，认为决策是现代化管理的首要职能。

大量的客观实践证明，企业的盛衰、成败，首先取决于企业采取的方针、决策是不是正确，所定的目标是不是同外界的客观经济情况相适应。如果方针、决策、经营目标定错了，企业内部管理工作做得再好也无济于事，企业会在激烈的竞争中被淘汰。因而企业管理人员要求管理会计对可供选择的各种方案进行科学深入的可行性分析，从中权衡利害、比较得失，以帮助企业管理人员客观地掌握情况，做出正确的判断和选择，从多种可供选择的方案中选取最优决策方案，促进企业实现决策的最优化，进而对已经选定的最优方案统一以货币形式进行综合和概括，形成企业在一定期间内生产经营的全面预算，为企业生产经营的各个方面提出总的目标和任务，以保证决策所定经营目标的顺利实现。管理会计从这些方面为企业进行最优决策提供信息支持，构成决策与计划会计的基本内容。

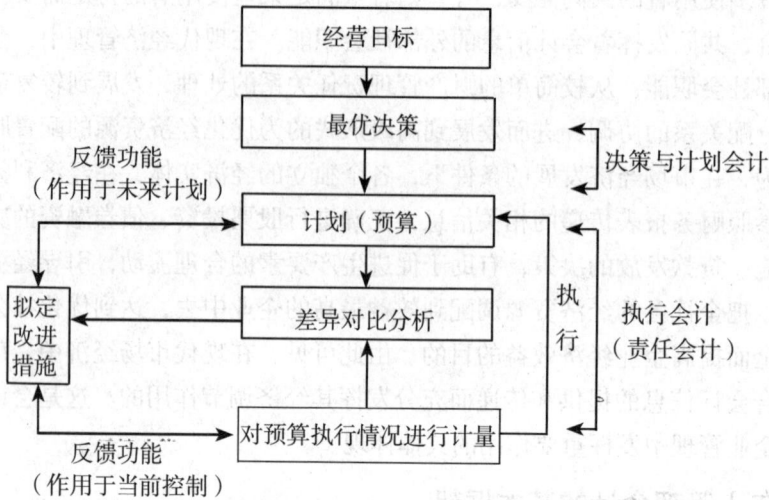

图 2-1 管理会计的基本框架

为保证企业生产经营全面预算的贯彻执行，我们还必须将企业的总指标，按照企业内部各个责任中心进行分解、落实，具体落实为责任预算，作为企业组织日常生产经营活动的准绳。在生产经营过程中，企业要对预算执行情况进行系统的记录和计量，发现实际脱离预算的偏差，要及时分析原因，区分责任，充分发挥信息反馈作用，并采取相应的激励措施调动有关部门和个人发展有利差异、纠正不利差异的主动性和积极性，以控制企业的生产经营活动沿着计划预定的轨道卓有成效地进行。管理会计从这些方面充分发挥信息职能，是执行会计的基本内容。

二、财务会计与管理会计的区别

财务会计与管理会计的区别表现为以下几个方面。

第一，工作的侧重点和主要服务的目标不同。财务会计工作的侧重点在于根据日常的业务记录，登记账簿，定期编制有关的财务报表，向企业外界有经济利害关系的团体和个人报告企业的财务状况与经营成果，其具体目标主要是为企业外界服务。从这个意义上说，财务会计又可称为"外部会计"。管理会计工作的侧重点在于针对企业经营管理遇到的特定问题，进行分析研究，以便向企业内部各级管理人员提供有关价值管理方面的预测决策和控制考核信息资料。其具体目标主要是为企业内部管理服务。从这个意义上说，管理会计又可称为"内部会计"。

第二，工作主体的层次不同。财务会计的工作主体往往只有一个层次，即主要以整个企业为工作主体。管理会计的工作主体可分为多个层次，它既可以以整个企业（如投资中心、利润中心）为主体，又可以将企业内部的局部区域或个别部门甚至某一管理环节（如成本中心、费用中心）作为其工作的主体。

第三，作用时效不同。财务会计的作用时效主要在于反映过去，因此，财务会计在实质上属于"报账型会计"。管理会计不仅能够分析过去，而且可以能动地利用已知的财务会计资料预测和规划未来，同时控制现在，从而横跨过去、现在和未来三个时态。管理会计面向未来的作用时效是处于第一位的，而分析过去是为了更好地指导未来和控制现在。因此，管理会计在实质上属于"经营型会计"。

第四，遵循的核算原则不同。财务会计工作必须严格按照"公认会计原则"或企业会计准则的约束。管理会计除了考虑管理决策的改进所带来的利益与花费的成本外，不受"公认会计原则"或《企业会计准则》的完全限制和严格约束，在工作中还可灵活地将其他现代管理科学理论作为指导原则。

第五，核算要求不同。财务会计的信息主要是以价值尺度反映的定量资料，对精确度和真实性的要求高，数据必须准确。管理会计所涉及的往往属于未来信息，未来期间影响经济活动的不确定性因素较多，不要求过于精确，只要求满足及时性和相关性的要求，不影响决策与判断即可。

第六，报告种类与时间不同。财务会计按照规定需提供资产负债表、利润表、现金流量表等若干种按规定格式编制的财务报表，企业必须根据账簿记录定期（按年、季度或月份）编制财务报表，以满足外部使用者的需求。管理会计提供的报告包括预算报告、责任报告、专门分析报告等，其种类与具体形式不受限制，只要管理人员认为对决策者有帮助即可，报告可以按年度、季度、月度等定期编制，也可根据实际需要按天、小时不定期编制。

第七，工作程序不同。企业财务会计必须执行固定的会计循环程序，从凭证转换到登记账簿，直至编制财务报告，都必须自觉地按既定的程序处理，而且在通常情况下不得随意变更其工作内容或颠倒工作顺序。因而，其工作具有一定的强制性和程序性。由于管理会计工作的程序性较差，没有固定的工作程序可以遵循，有较大的回旋余地，所以，企业可根据自己的实际情况自行设计其管理会计的工作流程。这必然导致不同企业的管理会计工作存在较大差异性。

第八，运用的方法不同。财务会计运用传统的记账、算账方法，一般只涉及初等数学中的简单算术方法。管理会计在财务会计基础上运用许多现代的数学方法，还利用了其他学科（如经济学、统计学、组织行为学等）的一些成果。

这些方法的运用使管理会计成为一门多种学科相互渗透的综合性的边缘学科，在企业的管理工作中发挥了更大的作用。

第九，体系的完善程度不同。目前，尽管财务会计工作也需要进一步改革，但就其体系的完善程度而言，现在已经达到相对成熟和稳定的程度，形成了通用的会计规范和统一的会计模式。也正是在这个意义上，我们说财务会计具有统一性和规范性。而管理会计体系尚不够完整，正处于继续发展和不断完善的过程中，因而它缺乏统一性和规范性。

第十，对会计人员素质的要求不同。虽然会计人员素质的高低会影响到财务会计工作的质量，但相比之下，对财务会计人员素质的要求不如对管理会计人员的要求高，而且侧重点也不同。财务会计工作需要由操作能力较强、工作细致的专门人员来承担。鉴于管理会计的方法灵活多样，又没有固定的工作程序可以遵循，其体系缺乏统一性和规范性，这就决定了在很大程度上管理会计的水平取决于会计人员素质的高低。同时由于管理会计工作需要考虑的因素比较多，涉及的内容比较复杂，也要求从事这项工作的人员必须具备较宽的知识面和较深厚的专业造诣，具有较强的分析问题、解决问题的能力和果断的应变能力。再加上管理会计所涉及的问题大多关系重大，尤其是决策工作绝不允许素质较低的人员乱指挥，因此，管理会计工作需要由复合型的高级会计人才来承担。可见，管理会计对会计人员素质的要求起点比较高。

三、财务会计与管理会计的联系

财务会计与管理会计既有区别，又相互联系。它们的联系表现为以下几个方面。

第一，财务会计与管理会计的原始资料基本上是同源的。管理会计搜集的历史和现实的各种经济信息，主要来源于财务会计的账务处理记录或报告资料，经过整理和加工延伸，为企业的内部管理服务。

第二，财务会计与管理会计的服务范围相同。财务会计为投资者、债权人或政府有关部门提供成本、利润、资金等财务指标，同时也为企业管理者进行决策、规划和控制提供不可或缺的重要信息。管理会计提供的信息是企业管理层进行决策、规划和控制的依据，它们关系到企业未来的发展和经济效益，因而也是投资者增加或减少投资的重要依据。

第三，财务会计与管理会计的主要指标相互渗透。财务会计提供的历史性的资金、成本和利润等指标，既是管理会计进行长、短期决策分析的重要依据，又是分析、评价和业绩考核的主要资料。管理会计中确定的预算、标准等数据是财务会计日常核算的基本前提。因此，它们的主要指标体系和内容应该一致，尤其是企业内部的会计指标体系更应同步，才能实现有效的控制和管理。

第四，两者所处的环境相同，工作客体有相似之处，最终奋斗目标一致。财务会计和管理会计都处于现代经济条件下的企业环境中，它们的工作对象从总的方面上看基本相同，都是企业经营过程的价值运动，两者统一服从于现代企业会计的总体要求，共同为实现企业内部经营管理的目标和满足企业外部有关方面的要求服务。因此，它们的最终奋斗目标是一致的，即强化企业内部管理和提高企业经济效益。

第五，两者都面临着如何顺应时代潮流而不断实现自我完善和发展的问题。在当今信息时代，无论是财务会计系统还是管理会计系统，都必然面临着完善与发展的问题，需要解决好如何运用现代电子计算机技术搜集、处理、储存、传递和报告会计信息的问题。同时，它们还需要处理好如何按照现代管理的要求组织和开展会计管理工作的问题。这就需要大胆地跳出传统会计的小圈子，敢于探索前人未走过的路。在规划和设计会计信息系统时，不仅要确保会计信息在质量上的客观性、时效性和可验证性，而且要充分考虑到会计信息本身的相关性、实用性和经济性，贯彻会计信息的成本—效益原则。

第三节 财务会计和管理会计融合的人才基础

我国已步入新时代，各行各业迅速发展。相较于硬件设施的飞速发展，企业内部会计人员的软实力欠缺成为当前制约企业发展的较为突出的问题。我国企业会计人员多为科班出身，但当前高校教育理念和思路相对比较落后，理论意义大于实践意义，不能较好地满足当前社会发展的要求。会计人员受传统教育思路的影响，学习的知识更多偏重于财务会计，而缺乏对管理会计相关知识的学习，对管理理念和管理方法掌握不足，较难迅速适应新时期的岗位要求。所以，企业会计人员要认清形势，积极提升自身的综合实力，将财务会计和管理会计的理念和方法相融合，进而满足企业发展的需求。

一、管理会计人员发展概述

在西方，会计人员有许多专业称号。一种称号是注册会计师，另一种称号是注册管理会计师。前者侧重于审计方面的工作，后者侧重于管理会计方面的工作。尽管注册管理会计师的产生和发展晚于注册会计师，但由于注册管理会计师对企业内部的管理水平提高有很大的促进作用，因而越来越引起人们的重视。并且注册管理会计师必须拥有会计和管理两方面相应的知识，同时具有较强的认知能力和行为能力。

认知能力又可分为专业能力（运用掌握的知识解决已定义问题的能力）、分析和设计能力（发现问题、提出问题、解决问题的能力）以及理解能力（在复杂条件下做出综合和创造性判断的能力）。行为能力又分为个人能力（在面临挑战、压力、限制等条件下的自我安排能力）、人际关系能力（通过沟通、倾听、激励、合作等人际交往方式解决问题的能力）和组织关系能力（通过组织的网络系统等解决问题的能力）。

为了确保注册管理会计师的知识体系适应企业管理的需要，在西方许多国家，注册管理会计师是一种专门的职业，并有自己的职业化组织。世界上最大的注册管理会计师职业组织是美国管理会计师协会，其前身为美国成本会计师协会。美国管理会计师协会举办注册管理会计师考试并颁发证书。考试的内容包括经济学、公司理财、管理学、财务会计与报告、决策分析和信息系统等。该协会颁布一系列的管理会计公告，促进管理会计实现职业化发展并提高管理会计学的教学水平，提供有关管理会计理论和实务的指导。其他职业组织包括英国特许管理会计师公会、加拿大管理会计师协会等。管理会计师的职业组织通过举办注册管理会计师的资格考试，并创办管理会计刊物，颁布职业规范，指导管理会计理论和实践的发展。要想成为注册管理会计师，必须拥有一定的学历，通过资格考试，同时还要具备一定年限的会计工作实践经验。资格考试的内容反映了管理会计工作对于深厚的理论知识和丰富的实践经验的要求。

我国目前没有专门的管理会计师协会，仅在中国会计学会下设管理会计与应用专业委员会。不过，随着企业管理重要性的提高，管理会计日益为人们所重视。从 2013 年起，为适应我国经济转型升级，财政部已将管理会计列入会计改革发展的重点方向，并加强了管理会计制度建设，对管理会计人才的需求也逐渐扩大。未来有可能发展中国的注册管理会计师项目。随着管理会计职能作用的扩大，对管理会计师的技能要求也相应提高。在现代经营环境下，作为管理会计师，应拥有将信息转化为知识的技能和经验，并利用这些技能和经验为其服务对象创造财富。管理会计师应成为掌握会计、法律、信息技术、咨询、营销、人力资源和其他重要经营领域的跨学科知识的复合型人才。其核心是将系统、流程和知识整合起来，以达到将组织愿景转化为业绩的目的。会计人员所拥有的财务背景、业绩计量知识、信息系统设计和管理知识，为他们适应新经济时代的要求，改造和提升自己的技能奠定了基础。现代管理会计师必须深入了解企业经营的特点，掌握组织结构的特点和信息要求，拥有与各个级别人员沟通的能力、快速反应的能力以及深入分析问题、解决问题的能力。

二、美国管理会计师的职业发展

基于管理会计在企业管理中的重要作用，管理会计人员的专业地位得到了会计职业界的重视。1972 年，美国管理会计师协会设立了"管理会计证书"，并建立了执业管理会计师协会，由其负责颁发证书。同年，由美国管理会计师协会主持，举行了全美第一次执业管理会计师的资格考试。考试的内容包括：经济学和企业财务；组织行为学，包括职业道德；对外财务报告准则、审计和税务；企业内部报告的编制和分析；决策分析，包括决策模型的建立和信息系统。

目前总部位于新泽西州的美国管理会计师协会负责美国财务管理师和美国注册管理会计师证书项目的实施，负责考试的各项事宜，负责出卷和阅卷工作。美国注册管理会计师资格考试项目的设立目的在于促进管理会计职业的发展，使管理会计师在现代管理活动中发挥积极的参与者和贡献者的作用，像注册会计师一样，得到工商界的信任和青睐。自美国注册管理会计证书项目实施以来，在管理会计的教育、研究、培训和职业化发展过程中都取得了显著的成果，执业管理会计师同注册会计师一样得到了社会的认可，报考人数也逐年增多，具有注册管理会计师证书已成为一些企业聘用员工的优先条件。美国管理会计师协会在其通告中指出：许多公司的财务管理人员中有执业管理会计师，他们最初通常是一些部门的普通员工或部门主管，其后被任命为公司的财务经理。

该项目还得到企业界的广泛支持，许多大公司向其员工提供财务上的支持，鼓励他们参加注册管理会计师的资格考试。可见，注册管理会计师项目的实施，大大提高了管理会计的教育水平，吸引和鼓励了更多的人从事这一领域的学习和研究，从而推动了管理会计理论与实践水平的提高。

三、其他国家管理会计的职业化发展

除美国以外，其他发达国家的管理会计也呈现出职业化和专业化的发展路径。1980 年 4 月，美国、澳大利亚等十个国家的会计人员联合会在法国巴黎举行了一次国际性会议，探讨如何推广和应用管理会计，这表明管理会计的发展和应用得到了世界范围内的关注和认可。现在英国、加拿大、澳大利亚和日本等国都有类似于美国注册管理会计师的资格考试和职业组织。如加拿大管理会计师协会负责组织和管理加拿大注册管理会计师证书的考试事宜，考试内容与美国相似，包括管理会计、财务会计和管理学。英国特许管理会计师公会类似于美国的管理会计师协会，负责注册管理会计师资格考试及课程设置，并为其成员提供教育、职业发展和商业活动等广泛的服务。考试内容包括基础会计、管理会计基础及运用、企业管理、战略管理会计和管理会计控制系统等。这些会计职业组织在管理会计教育、推广应用和职业化发展方面起着重要的推动和促进作用。

国际会计组织对管理会计的发展也非常重视，国际会计师联合会下属的财务与管理会计委员会致力于提高管理会计师的能力。该委员会曾发表公告，对管理会计的概念、资本支出决策的内部控制、外币风险和风险管理、项目的管理控制和管理质量的改进，以及责任会计和内部转让价格的制定等方面问题发表指导意见。

四、管理会计师在我国的发展

我国注册会计师资格考试和职业认证制度已实行多年，但目前还没有建立专门的管理会计师的资格考试和职业资格认证制度。我国一般会计师资格考试与西方国家的管理会计师考试有相似之处，会计职业界可以采取一些措施，促使一般会计师资格考试发展为管理会计师资格考试制度，从而促进我国的管理会计职业化发展与国际接轨。

事实上，我国无论是注册会计师资格考试还是一般会计师的资格考试都已将管理会计列作考试的重要内容。管理会计的方法在我国企业管理中的运用也非常广泛，如盈亏平衡分析、全面预算管理、责任中心业绩评价等。推动管理会计师职业化在我国的发展，无疑会对我国管理会计理论与方法的研究及其在企业管理中的实践、推广和应用起到更大的促进作用。

但是，管理会计师的职业化要得到长足的发展，得到社会和企业界的持续认可和欢迎，还必须不断地提高管理会计师的道德水准和专业水平，适应新形势下企业管理对管理会计服务的需要。相信随着科技的发展和企业环境的更大改善，管理会计一定会与时俱进，不断地创新和发展，在现代企业管理中发挥更大的作用。

五、管理会计人员的职业道德培养

管理会计人员在对专业团体、服务机构、公众及其本身履行职责时，必须遵守法律和职业道德规范。其要求主要包括以下几个方面。

（一）技能

一是通过不断提高自身的知识技能，保持适当的专业技术水平。

二是按照各有关法律、法规和技术标准规定，完成其职业任务。

三是在准确、清晰、及时和简明的信息的基础上，编制完整而清晰的报告。

四是识别可能影响其职能履行和职业判断的职业限制。

（二）保密

一是除非经授权或行使法律义务，不得泄露在工作中获得的机密信息。

二是告知有关各方应正确使用机密信息，对下属行为进行监督，确保其遵守保密规章。

三是不得使用保密信息以谋求有违职业道德的好处。

（三）正直性

一是调和现实的利益冲突，与同事定期沟通以避免明显的利益冲突，告知各方潜在的利益冲突。

二是避免从事任何会影响其以不符合道德规范的方式履行职责的活动。

三是杜绝从事或支持任何会损害其职业信誉的活动。

（四）可信性

一是公正、客观地沟通信息。

二是披露可能会影响使用者对报告和推荐书理解的所有相关信息。

三是披露与企业政策或适用法律的一致性方面出现的关于内部控制、及时性、信息处理的延误或不足的信息。

在社会主义市场经济体制下，加强管理会计人员职业道德建设对于更好地服务于市场经济体制，提高会计工作质量和会计人员的整体素质有着重要的意义。加强管理会计师职业道德建设应提高管理会计师的整体素质，而职业道德教育是加强管理会计师职业道德建设的重要手段。首先，加强会计学历教育和继续教育中的职业道德教育；其次，建立有效的企业内部控制制度，从而减少人员不道德的行为；再次，严密的企业内部监督制度，能促使管理会计人员严格按照规定的程序和手续办事，即使有人有一些不良动机，其行为也无法实现；最后，采取严密的监督措施，根据《会计基础工作规范》的规定，财务部门、业务主管部门应定期检查管理会计人员遵守职业道德的情况，并将其作为人员晋升、晋级，或聘请为专业职务人员，以及进行表彰奖励的重要参考依据。

六、管理会计人员的作用

会计的基本职能是计量、监督和参与经营决策。而管理会计承担更多的是后两种职能——监督和参与经营决策，其在执行这两种职能时，需要依据财务会计在经济业务计量方面所形成的资料。因此，管理会计人员在企业经营活动中所起的作用，重心不是在经济业务计量方面，而是在规划决策、控制评价等方面。

按照传统的观念，会计人员工作的部门都是远离生产经营的部门。但调查结果显示，不论企业规模大小，均有相当部分的管理会计人员走出财务部门，进入生产经营部门工作，作为多功能团队的重要成员。他们利用自己的专业经验、专业技能以及分析能力，在多功能团队中扮演领导者、组织者、顾问、规划与业务整合方面的专家等角色，促使各部门人员协调工作，保证过程的有效性和决策的正确性。他们的主要职能已由信息支持向管理决策转移，而且对工作结果负有不可推卸的责任。相应地，管理会计人员由管理系统中的专业信息支持人员转变为决策者与合作伙伴，新的职责与角色要求他们更多地了解企业经营的各个方面，如产品制造过程、核心技术、研究开发、市场营销、竞争对手以及供应链等，以制订正确的战略计划，为企业客户提供有关他们应该做什么及将会怎样服务的信息，而不能只反映是什么的信息。

此外，新的经济环境要求管理会计人员能够使用战略性方法和批判性方法进行决策的制定，这要求他们具备很强的研究技能。由于报告会计工作的范围与工作中的发现及建议是会计职业服务不可或缺的组成部分，而会计准则、审计准则等执业指南是在不断修订的，并且企业内外部的环境又是不断变化的，因此，会计人员特别是管理会计人员必须具备很强的研究技能，才能有效地解读相关的执业指南及环境信息，并准确地对之加以理解和运用。

这些技能通常要体现在以下环节：确定企业所属的行业和经济部门的风险与机会；确定和呈报在无边界的环境中从事商务活动所面临的威胁及机遇，为全球化市场环境中的商务活动提供支持服务；评价各项资源（人力、财务、物资、环境等）的配置状况，协助并参与对企业各项资源的高效管理；说明法规和管制环境，并分析相关的法规要求、法律限制的变动对企业所造成的影响；根据财务部门所掌握的会计信息，综合分析研究企业经营管理中存在的问题，找出薄弱环节，提出改进措施，供管理层参考。

第四节 财务会计和管理会计融合的路径和措施

在企业管理发展过程中，会计管理是保障企业保持长久生命力和旺盛活力的核心管理内容。其所涵盖的财务会计和管理会计既反映出了会计管理的职能，又反映出了会计管理所带来的经济效益。在新形势下，企业要在充分发挥财务会计和管理会计作用的同时，积极探寻其管理共性，积极融合，切实提升企业管理水平，推动企业不断向前发展，以满足新时代经济发展对企业的要求。

一、财务会计和管理会计融合的意义

在企业发展的过程当中，财务部门发挥着极其重要的作用，财务会计能够对企业当前所拥有的资金进行有效的考核以及监督，结合审计工作为企业提供当前经营的真实可信的财务报表，让企业的管理层根据财务报表为企业的下一步发展做出决策。因此，财务会计工作是企业工作中必不可少的内容。

在如今随着社会经济的不断发展，财务会计的职能发生着极大的转变，为了能够在新形势下更好地发挥财务会计工作在企业中的作用，因此需要对传统的财务会计工作内容进行全方位的分析，逐渐改变财务会计职能，注重管理会计与财务会计之间的融合，适当调整传统财务会计的机制，以更好地进行会计信息的共享和交流。

在当前经济迅速发展的时代，企业内部管理理念的融合、深化和提升，有助于推动企业实行自我改革、发展自主创新能力，同时促使企业不断提升管理水平。财务会计和管理会计融合，为企业管理水平的提升开拓了新的管理思路，为企业经济活动提供了更先进的管理理念，可有效推动企业的发展。

将企业的会计管理细分为财务会计和管理会计，是对这项工作具体化、精细化管理的重要手段。这一举措有力地提升了企业的管理水平，精细划分了各业务部门的职能，全面落实责任。在业务范围内各司其职，既能真实高效地反映企业经济活动的真实情况，又能通过大数据分析，明确企业的管理思路和发展目标，促使企业实现科学、高效的发展。

二、财务会计和管理会计融合的基础

（一）财务会计和管理会计融合的技术基础

一般认为，财务会计和管理会计的分析对象与反映对象是一致的。在现代企业中，财务会计和管理会计都是以企业内外部信息为载体，以企业资金运转情况为基础，对企业生产、经营的全过程进行反映和监管的。与此同时，随着科学技术的进步和电子计算机技术在社会各领域中的应用，先进的会计技术为财务会计和管理会计的融合提供了有利条件和技术支持平台。会计电算化的有效实施使我国企业内部会计工作变得更加轻松。会计电算化在企业中的运用使会计工作更加合理化，简化了传统会计工作方法，有利于理论和实践的结合，提高了会计工作的效率和质量，最终实现了财务会计和管理会计的完美融合。

（二）财务会计和管理会计融合的理论基础

随着现代会计行业的不断发展，会计理念逐步完善，为管理会计和财务会计的融合提供了有利条件。

在实际会计工作中，会计管理体系的根本任务就是实现会计的管理职能，也就是全面开展管理会计的工作。而财务会计是会计管理的前提，财务数据的记载系统为管理会计做基础工作；管理会计是财务会计的延续，对财务会计的工作结果进一步分析和整理，进而实现全面参与企业的经营管理。二者具有相辅相成、辩证统一的关系，只有将二者结合起来，才能建立起健全、完整的会计信息管理系统，最大限度地发挥系统的管理职能，为企业全面发展提供信息服务，有助于企业做出科学、正确的决策。

（三）财务会计和管理会计融合的人才基础

人才是现代经济社会向前发展的关键，是企业取得长远稳定可持续发展的保障。随着我国会计行业的健康发展，会计人才的成长已经得到全社会的重视，越来越多的高校开设了专门的会计学科，为我国经济社会的建设和发展培养了大批高素质的会计人才和管理人才。高素质人才不仅掌握专业的理论知识和先进的会计管理理念，还兼具较强的实践动手能力，这使我国人才结构更加合理化，为我国会计事业发展创造了有利条件，为管理会计及财务会计的融合提供了人才保障，为经济社会的健康发展提供了良好的环境。

三、财务会计和管理会计融合过程中存在的问题

（一）传统财务管理理念的影响

经过调查可以发现，财务会计与管理会计的相互融合虽然对企业的发展有很大的帮助，但是很多企业传统的财务管理理念仍是陈旧且根深蒂固的，无法顺应时代发展的潮流，促进企业财务管理理念的改革以及创新。在这种情况下，财务会计与管理会计两者的融合非常困难。在企业财务管理中，财务会计的工作主要是承担媒介的角色，该现象与财务管理理念具有极其密切的关系。但是，部分企业没有真正认识到财务管理形式的变化，没有意识到管理会计与财务会计相互融合对于企业发展的作用。因此，当前企业内部管理会计尽管在财务管理方面具有非常多的优势，应用的范围却比较狭窄。在这种情况下，传统财务会计是主要的媒介和选择，财务会计与管理会计二者融合的作用难以得到充分发挥。

（二）企业对财务会计和管理会计融合重视不足

企业经营管理活动的主要内容就是财务管理工作，尤其是当前社会经济的快速发展，对企业财务管理工作提出了新的要求。在当今信息化环境下推进财务会计与管理会计工作的融合，也是提高企业财务工作效率的主要方式。但部分企业并不重视财务会计与管理会计的融合工作，也没有采取相应措施加快二者融合。这实际上造成了会计工作理念落后，会计工作中采用传统财务理念，导致财务工作进展缓慢，没有发挥出财务数据的作用。此外，一些企业会计工作者仅能做简单的财务报表分析，缺少处理财务数据信息的能力，但企业并没有引入专业的财务会计人员或对原有人员进行培训，阻碍了财务会计与管理会计的融合进程。

（三）财务会计和管理会计管理规范不统一、分工不明确

财务会计的主要工作内容是监督和核算，要求会计人员以一丝不苟的态度确保数据的真实性和准确性，呈现出反映企业真实情况的报表，工作标准非常严格。而管理会计则是基于这些数据做出分析判断，打开思路制定战略发展目标，工作标准相对宽松。二者相互融合势必会产生较难调和的矛盾和分歧，有时可能会阻碍企业发展。在促进财务会计与管理会计二者融合的过程当中存在的问题是，没有进行明确的分工，会计工作人员并不了解自己的工作内容，企业也没有根据实际情况建立明确的工作机制，在分配任务以及时间的时候存在

不合理之处，导致财务工作的作用无法得到充分的发挥。在进行二者融合的过程中，管理会计不能够向财务会计进行延伸，无法准确分析财务信息数据，导致企业在会计工作中出现了许多的问题，甚至影响企业发展战略目标的制定。因此，为了更好地进行财务会计与管理会计融合工作，保证融合工作的有效落实，需要对双方工作进行明确分工，以保证企业的顺利发展。

（四）财务会计和管理会计对会计工作人员专业技能要求不同

在企业的生产经营过程中，财务会计与管理会计人才在具体技能要求方面存在一定的差异性。这也就使二者在融合的过程中，出现了人员专业技能不同的问题，影响了融合的效率。财务会计工作的开展，要求会计工作人员对企业以往的历史财务数据进行分析，严格按照相应的会计准则以及规程开展工作，在实际操作能力方面提出了更高的要求。而管理会计则需要发挥出会计工作人员的综合判断能力，在对各项财务数据进行专业的分析以后，结合市场的发展现状，对企业的经营战略进行适当的调整。从目前企业的财务会计与管理会计融合情况来看，企业不仅需要将先进技能的优势发挥出来，同时还需要进行人才的综合培养工作，以更好地实现二者的有效融合。

四、推进财务会计和管理会计融合的措施

（一）树立先进的企业管理理念

在当前社会发展中，财务会计与管理会计的融合是一种必然的趋势。作为企业会计工作人员，一定要具备科学的会计思想观念。针对财务会计与管理会计的融合，会计工作人员应对其重要作用给予高度重视。在现阶段，部分企业财务会计工作人员依然继续使用传统管理模式，尚未充分认识与了解会计管理的职能。要想使管理会计与财务会计有效融合，企业管理人员一定要树立先进的企业管理理念，高度重视财务会计与管理会计的融合。在开展财务工作过程中，财务会计与管理会计应对二者的融合给予大力支持，这样才能够确保企业的可持续发展。

（二）提高企业对财务会计和管理会计融合的重视程度

企业要提高对财务管理工作的重视程度，以满足时代发展要求。在当今信息化环境下为财务会计与管理会计的融合提供技术支撑，企业管理者要对二者融合进行深入研究，掌握财务会计与管理会计融合的理论知识。理论研究是实现二者融合的前提，是二者融合工作顺利进行的保障。企业应根据自身实际情

况，选择合适的融合方法，发挥现代信息技术的优势，强化财务会计与管理会计工作的融合。此外，企业还应加快推进财务部门职能转型。目前，很多企业并没有设置单独的管理会计部门，大多由财务部门管理企业日常会计工作，这导致了实际工作中部分工作内容界定不清楚的情况，使得二者融合的难度增加。因此，企业要在条件允许的情况下分开设置财务工作与管理会计工作部门，但要注意虽然二者工作需要分离，但日常管理工作依然要统一进行。

（三）完善企业现代管理会计制度体系

为了适应新形势下经济的发展，企业需要从实际情况出发，结合自身特点，不断完善企业现代管理会计制度体系，对财务部门进行管理和控制，使财务会计和管理会计二者相互融合，加强两个部门之间的沟通和交流，发挥各自的作用，为企业创造更多的经济效益。为了能够更好地对会计制度体系进行完善，国家需要提供大力支持，为企业提供更多优惠的政策，创造良好的企业经营环境，让企业能够在良好的经营环境中得到成长和发展，促使企业制定正确的发展目标和战略，保证企业朝着正确的方向发展。

（四）不断提高会计人员的综合素质

为了提高管理会计与财务会计融合的效果，企业要注重提高会计人员的综合素质，发挥人才的作用，保证二者融合工作的有效落实。企业可以通过以下途径提高会计人员的综合素质。第一，企业的管理层需要正确认识管理会计与财务会计二者融合对企业发展的作用。第二，企业需要格外重视会计人才的队伍建设，为会计人才的培养付出更多的努力。通过加强会计工作人员的培训，让会计工作人员掌握新的会计理论知识，逐渐提高自身的工作能力，提高工作效率。为了达成该目标，企业可以与高校合作，吸引优秀的毕业生到企业实习，让学生在实际工作中逐渐积累工作经验，提高会计理论知识的运用能力，为企业吸引更多优秀的会计工作人员。

第三章　企业管理的内涵和主要内容

管理从人类社会存在的那一刻起就已经存在了，跨越了几千年的历史长河，管理一再为社会发展与进步贡献力量。特别是在 21 世纪，现代社会生活发生了巨大的变化，管理成为各种组织的重要工具。大到一个国家的治理、国民经济的发展，小到一个企业的兴办和运营，一个项目的实施，乃至一个人工作、生活的安排，都离不开管理活动。企业是一个有机的整体，企业管理是一个完整的大系统。企业管理是由生产管理、财务管理、营销管理、人力资源管理等子系统构成的，各子系统之间存在密切的联系。本章主要介绍企业管理的基本理论，主要内容有企业管理的基本概念、企业管理的产生与发展、企业管理的特征与职能、企业管理中存在的问题与解决路径等。

第一节　企业管理的基本概念

管理作为一种人类的实践活动，它是伴随着人类历史的发展而产生和发展的，但迄今为止，"管理"一词也还没有一个统一的可为大多数人所接受的定义，原因是不同的人对管理的认识和总结有所不同。现代企业是现代市场经济和社会生产力发展的必然产物，它较好地适应了现代市场经济和社会发展的客观要求，具有独有的特征。现代企业管理也有其独特的性质与原理。

一、企业的概念与基本特征

（一）企业的概念

企业是从事生产、流通、服务等经济活动，为满足社会需要和获取盈利，依照法定程序成立的具有法人资格的进行自主经营并享受权利和承担义务的经济组织。企业是一个与商品生产相联系的历史概念，它经历了家庭生产时期、手工业生产时期、工厂生产时期和现代企业生产时期等发展阶段。

企业作为一个社会微观系统，其基本资源要素主要包括人力资源、物力资源、财力资源、技术资源、信息网络资源、时空资源等。

人力资源表现为一定数量的具有一定科学文化知识和劳动技能的劳动者。这是在企业生产经营过程中最活跃的要素。

物力资源表现为一定数量和质量的原材料和能源，以及反映了一定技术水平的劳动工具和生产设施。其中，材料是构成产品的物质基础，劳动资料是对劳动对象进行加工的必要因素。

财力资源是一种能够取得其他资源的资源，是推动企业经营过程周而复始地运行的"润滑剂"，是以货币形式表现的长期和短期的企业资金。

技术资源包括形成产品的直接技术和间接技术，以及生产工艺技术、设备维修技术、财务管理技术、物联网技术、移动通信技术、大数据分析技术、区块链技术、生产经营的管理技术。此外，技术资源还包括组织市场活动的技术、信息收集和分析技术、市场营销策划技术以及谈判推销技术等。技术资源是将企业的资源要素转化为产出的关键所在。

信息网络资源包括各种情报、数据、资料、图纸、指令、规章以及各种网络资源等，是维持企业正常运营的神经细胞。特别是在现代社会中，在"互联网+"和大数据时代，企业的生存和发展离不开网络。另外，企业信息吞吐量是企业对外适应能力的综合反映。信息的时效性可以使企业获得利润或发生损失。

时空资源是一种特殊的资源要素，是指企业在市场上可以利用的、作为公共资源的经济时间和经济空间。时间的节约会提高企业的效率和盈利水平，因而具有价值功能。现代社会的生活节奏越来越快，企业必须树立"时间就是金钱，时间就是财富"的理念。空间资源是指人类通过劳动直接改造和利用的、承接现实经济要素运行的自然空间，从物质资料再生产的角度可分为生产空间、分配空间、交换空间和消费空间。

（二）企业的基本特征

企业作为独立的社会经济组织有许多共同特征，其主要表现在以下几点。

第一，企业是合法性组织。

企业的合法性主要表现为两点：一是企业必须在政府管理部门登记注册，同时具有合法的、独立的经营条件，取得政府和法律的许可；二是企业必须严格按照法律规定行使权利和履行义务。

第二，企业是经济性组织。

这一特性将企业同那些归属于政治组织、行政组织和事业单位的政党、国际机构、军队、学校等社会组织区别开来。在形形色色的社会组织中，只有从事商品生产和经营的经济组织才可能是企业。企业作为特定商品的生产者和经营者，它生产产品或提供服务，并不是要自己享受这些商品的使用价值，而是为了实现商品的价值，以获取利润。这是企业的一大显著特征。

第三，企业是自主性组织。

企业要获取利润就要保证自己的产品和服务在品牌、质量、成本和供应时间上能随时适应社会和消费者的需要。为此，除了加强内部管理外，企业还必须对市场和社会环境的变化及时、主动地做出反应，这就是企业的自主性。而权利和义务是对等的，企业享有自主经营权就必须进行独立核算，承担其行使自主经营权所带来的全部后果，即自负盈亏。如果企业只负盈不负亏，就不可能有负责任的经营行为和正确行使自主权的行为。

并不是所有从事商品生产和经营的经济组织都是企业。只有当该经济组织实行自主经营、自负盈亏、独立核算时，才能算作企业。如果某经济组织虽然从事商品生产和经营，但并不独立核算、自负盈亏，而是由上一级组织统一核算、统负盈亏，那么其上一级组织是企业，该经济组织只是企业的一个下属生产单位。在这里，需要特别指出，我国在经济体制改革过程中大量涌现的企业集团也不是企业，而是一种企业联合体，即由诸多企业所组成的一种联合体。在企业集团中，各成员企业拥有各自独立的自主经营权，是自负盈亏的经济组织。

第四，企业是营利性组织。

获取利润是企业最本质的特征，企业在生产经营的最后如果没有获取利润，企业就无法生存，更谈不上发展。企业只有不断提高经济效益，增加盈利，才能更好地发展，为国家纳税，为社会多做贡献。但企业在赚取利润的同时，还必须承担起某些社会责任，如遵守社会道德、保护环境、保护资源、满足员工需求、为员工的发展创造良好的环境条件等。因此，追求利润不应是企业唯一的目标。

第五，企业是竞争性组织。

企业是市场中的经营主体，同时也是竞争主体。竞争是市场经济的基本规律。企业要生存、要发展，就必须参与市场竞争，并在竞争中获胜。企业的竞争性表现在，它所生产的产品和提供的服务要有竞争力，要在市场上接受用户的评判和挑选，要得到社会的认可。市场竞争的结果是优胜劣汰。企业应通过有竞争力的产品和服务在市场经济中谋求生存和发展。

第六，企业是网络化组织。

价值链组织对于一个企业来说还不够，它不一定能形成一个圆环。成为网络组织，企业就要对价值链的运作进行整合，这样企业就可以成为一个联合体。我国企业应该融入这个网络，而且要融入更大的、更多的价值网络。

二、管理、管理学与现代企业管理

（一）管理的一般含义

在现代社会，管理具有非常普遍的意义，是一种普遍的社会现象和实践活动。它广泛地存在于社会生活中的各个领域，如政治、经济、军事、文化、教育、宗教等领域。那么，什么是管理呢？古典管理学派认为，管理是对组织的活动进行计划、组织、指挥、控制和协调的过程；行为学派则认为，管理就是协调人与人之间的关系，调动人的积极性和创造性；现代决策理论学派又认为管理就是决策。上述各种关于管理的说法，只是从不同的角度或侧面阐释了管理的内容，或强调工作和生产方面，或强调人际关系方面，或强调决策的技术和方法等方面，并没有从根本上揭示管理的全貌。纵观人类社会的管理实践，可以给管理下一个比较全面的定义，即管理是指通过一系列的组织措施，为管理对象创造一种环境，使之在这种环境中能充分、合理地运用人、财、物、信息与时间等各种资源实现预期目标。这一定义揭示了管理的基本特点。

第一，管理具有明确的目标性。人类社会的一切管理工作都必须具有目标。管理的目标是一切管理活动的基本出发点和归宿。管理活动的计划、方案依据期望达成的目标而提出，而管理活动的成效也靠管理目标实现的程度来检验。没有目标，管理就失去了方向和评价的依据。

第二，管理是指导性工作，而不是替代性工作。管理只能是为被管理对象创造一种能顺利完成任务的环境与条件，即告知被管理者该做什么，不该做什么，做到什么程度等，而不是管理者替代被管理对象工作。如果被管理对象的积极性没有被调动起来，作用没有得到发挥，即使管理者再辛苦，换来的也只能是管理混乱，无法实现预期的目标。

第三，管理是为达成预期目标的一系列活动。管理的目标是通过对人、财、物、信息、时间、技术等资源的组织、协调、控制来达成的。这就揭示了管理的客体是人、财、物、信息、时间、技术等各种资源，管理是围绕这些客体所进行的一系列的职能活动。

（二）管理学的含义及特点

1.管理学的含义

管理学是系统研究管理活动的基本规律和一般方法的科学。管理学是适应现代化大生产的需要而产生的。它的目的是，研究在现在的条件下，如何通过合理地组织和配置人、财、物等因素，提高生产力的水平。管理学是研究管理现象及其发展规律的科学。管理学是综合性的交叉学科。这个定义可以从以下几个方面来进行理解。

第一，管理学的研究与管理的本质联系在一起。

第二，管理学在研究和把握管理本质的前提下，也对管理的具体形态进行了研究。

第三，管理学以探索管理现象的发展规律作为自己的目标和任务。

第四，管理学是一门科学。

2.管理学的特点

管理学研究的是一般管理中的共同的、带有规律性的原理和方法。了解管理学的特点，有助于人们正确认识管理学的性质，掌握管理学的学习方法和研究方法，并运用管理学的知识和方法去开展管理实践。

第一，管理学是一门边缘科学。管理学的研究涉及许多其他学科的知识，既有社会科学，也有自然科学。管理学既涉及生产力，又涉及生产关系和上层建筑，它与经济学、政治学、心理学、数学以及各种技术科学都有着密切的联系，是这些学科交叉渗透的产物。所以，管理学不同于一般文科，也不同于一般理科，而是文理交叉的学科。管理学的研究范围十分广泛，所涉及的学科也非常多，因此管理学是一门综合性的、多学科的边缘学科。

第二，管理学是一门软科学。人们把具有物质形态的技术称为"硬技术"或"硬科学"，把具有知识形态的技术称为"软技术"或"软科学"。而管理学是研究组织资源的合理配置及利用的原理、程序和方法，以期达到组织的目标。因此，管理学是一门软科学。

第三，管理学是一门应用科学。科学的门类一般由基础科学、技术科学和应用科学组成。基础科学是研究基础理论的，在自然科学方面，如物理学、化学、生物学等，在社会科学方面，如哲学、历史学、经济学等。技术科学偏重于应用一些工具和方法来解决管理上的问题，如应用运筹学、统计学等来定量分析。应用科学则是将基础理论和技术用于实践，解决应用理论和生产技术的矛盾。

第四，管理学是一门模糊科学。管理学发展仅有一百多年历史，其中许多原理是建立在调查、访问、观察和归纳的基础上，并没有经过严格的证明。另外，管理学还有许多未知的空白区域等待人们去研究，还有许多概念、观点等问题没有形成统一的定论，所以管理学是一门模糊科学。

第五，管理学是一门科学，更是一门艺术。管理学研究管理活动的一般规律，但在实践过程中，要根据具体的环境条件实施管理活动。管理者利用自身的知识、技能、方法和经验去解决各种复杂多变的管理问题，以取得最优的管理效果。这种创造性的管理活动，体现了管理学的艺术性。

（三）现代企业管理的概念及性质

现代企业管理是指企业管理工作者及企业全体员工按照现代社会化大生产的客观规律，对企业的生产经营活动进行决策、计划、组织、指挥、控制、协调、激励与创新，以达到企业预定目标的科学行为过程。企业管理是一个世界性和发展性的概念，它随着人类社会科学技术的进步和社会生产力的发展而不断变化。从企业管理的产生与发展过程及其对企业生产经营的实际影响等方面进行分析，企业管理具有以下特殊的性质。

第一，企业管理具有两重性。

企业管理的两重性是指企业管理既有同生产力、社会化大生产相联系的自然属性，又有同生产关系和社会制度相联系的社会属性。

企业管理的自然属性取决于生产力的发展水平，它为一切社会化大生产所共有，而不取决于生产关系和社会制度的性质。因此，在企业管理中，有关合理组织社会化大生产的某些理论与方法，并不为某种社会制度所特有，而是为所有社会化大生产所通用。另外，企业管理又是服从于生产资料所有者的利益和意志的，是社会生产关系的体现。也就是说，它是由生产关系和社会制度所决定的，由此而形成了企业管理的社会属性。

对企业管理两重性的准确把握，是人们认识、学习和借鉴发达国家先进的、科学的管理经验与方法的指导思想，是研究、总结和发展我国企业管理经验的理论武器，因而对于建设具有中国特色的企业管理体系有重要的理论意义与实践意义。

第二，企业管理具有科学性与艺术性。

企业管理的科学性是指企业管理以反映管理客观规律的管理理论与方法为指导，有一套分析问题、解决问题的科学方法论。企业管理的艺术性是指企业管理具有很强的实践性，即强调企业管理活动除了要掌握必要的知识与方法外，还必须掌握灵活运用这些知识和方法的技巧和技能。

企业管理的科学性要求企业管理者要注重对管理基本理论的学习和研究，

遵循企业管理的一般规律，不断探索与建立企业管理的理论、方法与原则等。然而，这些理论、方法与原则又不可能为企业管理者提供解决一切管理问题的标准答案，它要求管理者必须从实际出发，具体情况具体分析，发挥自身的创造力。如果将管理的原理、方法当作教条，其管理的实践注定是失败的。这就要求管理者必须勤于实践，不断提高管理的艺术水平。

三、企业管理的基本原理

（一）系统原理和分工原理

1. 系统原理

系统是由两个或两个以上相互区别又相互联系、相互作用的要素组成的，具有特定功能的有机整体。一般来说，系统具有整体性、相关性、目的性、层次性、环境适应性等特点。系统本身又是它所从属的一个更大系统的组成部分。从管理的角度来看，系统具有以下基本特征。

一是目的性。任何系统的存在都是为了一定的目的，为达到这一目的，必须具有其特定的结构与功能。

二是整体性。任何系统都不是各个要素的简单集合，而是各个要素按照总体系统的同一目的，遵循一定规则而组成的有机整体。只有依据总体要求协调各要素之间的相互联系，才能使系统的整体功能达到最优。

三是层次性。任何系统都是由分系统构成的，分系统又由子系统构成，最下层的子系统由组成该系统基础单元的各个部分组成。

四是独立性。任何系统都不能脱离环境而孤立存在，其只能适应环境。只有既受环境影响，又不受环境左右而独立存在的系统，才是具有活力的系统。

五是变化性。管理过程中的各种因素都处在变化中，组织本身也存在变革。

六是交换性。管理过程中的各种因素必须不断地与外部社会环境交换能量与信息。

七是相互依存性。管理的各要素之间是相互依存的，而且管理活动与社会相关活动之间也是相互依存的。

八是控制性。有效的管理系统必须具有畅通的信息反馈机制，从而确保各项工作能够及时、有效地得到控制。

2. 分工原理

分工原理产生于系统原理之前，但其基本思想却是在承认企业及企业管理是一个可分的有机系统的前提下，对企业管理的各项职能与业务按照一定标准进行适当分类，并由相应的人员来承担各类工作。这就是管理的分工原理。

分工是生产力发展的要求，分工的主要优点如下。

第一，分工可以提高劳动生产率。劳动分工使工人重复完成单项操作，从而提高其劳动的熟练程度和提高劳动生产率。

第二，分工可以减少工作损失时间。劳动分工使工人长时间地从事单一的工作项目，中间无须或可以减少工作变换，从而减少工作损失时间。

第三，分工有利于技术革新。劳动分工可以简化劳动活动，使劳动者的注意力集中在一种特定的对象上，有利于劳动者创造工具和改进设备。

第四，分工有利于加强管理，提高管理工作效率。在将管理业务从生产现场分离出来之后，随着现代科学技术和生产的不断发展，管理业务也得到了进一步的划分，并成立了相应的职能部门，配备了有关专业人员，从而提高了管理工作效率。

分工原理适用范围广泛。从整个国民经济来说，可分为工业、农业、交通运输业、邮电业、商业等。从工业部门来说，可按产品标志进行分工，设立产品专业化车间，也可按工艺标志进行分工，设立工艺专业化车间。在工业企业内部还可按管理职能不同，将企业管理业务分解为不同的类型，分别由相应的职能部门去从事，从而提高管理工作的效率，使企业维持正常的运转状态。

分工要讲究实效，要根据实际情况进行认真分析，实事求是。一般企业内部分工既要职责分明，又要团结协作，在分工协作的同时要注意建立必要的制约关系。分工不宜过细，界限必须清楚，才能避免相互推诿等现象的出现。在专业分工的前提下，按岗位要求配备相应的技术人员，是保证企业产品质量和工作质量的重要措施。在做好劳动分工的同时，企业还要注意加强对员工的技术培训，以适应新技术、新方法不断发展而产生的新要求。

（二）弹性原理和效益原理

1. 弹性原理

弹性原理是指企业为了达到一定的经营目标，在企业外部环境或内部条件发生变化时，有能力适应这种变化，并在管理上所表现出的灵活的可调节性。现代企业是国民经济系统中的一个系统，它的投入与生产都离不开国民经济这个系统。其所需要的生产要素由国民经济各个部门向其投入，所生产的产品又要向其他部门输出。可见，国民经济系统是企业系统的外部环境，是企业不可控制的因素，而企业内部条件则是企业本身可以控制的因素。当企业外部环境发生变化时，企业可以通过改变内部条件来适应这种变化，以保证其达到既定的经营目标。

2.效益原理

效益原理是指企业通过加强管理工作，以尽量少的劳动消耗和资金占用，生产出尽可能多的符合社会需要的产品，不断提高企业的经济效益和社会效益。

提高经济效益是社会主义经济发展规律的客观要求，是每个企业的基本职责。企业在生产经营管理过程中，一方面要努力降低消耗，节约成本；另一方面要努力生产适销对路的产品，保证产品质量，增加产品附加值。企业要从节约和增产两个方面提高企业经济效益，以求得企业的生存与发展。

企业在提高经济效益的同时，也要注意提高社会效益。经济效益与社会效益是一致的，但有时也会发生矛盾。在一般情况下，企业应从大局出发，实现社会效益，在保证社会效益的前提下，最大限度地追求经济效益。

（三）激励原理和动态原理

1.激励原理

激励原理是指通过科学的管理方法激励人的内在潜力，使每个人都能在组织中尽其所能，展其所长，为完成组织规定的目标而自觉、努力、勤奋地工作。

人是生产力要素中最活跃的因素，创造团结、和谐的工作环境，满足企业员工不同层次的需求，正确运用奖惩手段，实行合理的按劳分配制度，开展不同形式的劳动竞赛等，都是激励原理的具体应用，都能较好地激发员工的劳动热情，调动员工的工作积极性，从而达到提高工作效率的目的。

激励理论主要包括需要层次理论、期望理论等。严格地说，激励有两种模式即正激励和负激励。对工作业绩有贡献的个人实行奖励，在更大程度上调动其积极性，使其完成更艰巨的任务，属于正激励；对因个人原因而导致工作失误且造成一定损失的个人实行惩罚，迫使其吸取经验教训，做好工作，完成任务，属于负激励。在管理实践中，企业按照公平、公正、公开、合理的原则，正确运用这两种激励模式，可以更好地调动员工的积极性，激发员工的工作热情，充分挖掘员工的潜力，从而使企业员工把工作做得更好。

2.动态原理

动态原理是指企业管理系统随着企业内外部环境的变化而不断更新自己的经营观念、经营方针和经营目标，为达到此目的，必须相应地改变管理方法和手段，使其与企业的经营目标相适应。企业发展与进步的关键在于管理的更新。企业既要根据经营环境的变化，适时地变更自己的经营方针，又要保持管理业务上的适当稳定，因为相对稳定的管理秩序是企业进行高质量管理的基础。

（四）创新原理和可持续发展原理

1.创新原理

创新原理是指企业为实现总体战略目标，在生产经营过程中，根据内外部环境变化的实际情况，以科学态度创造具有自身特色的新思想、新思路、新经验、新方法、新技术，并加以组织实施。

企业创新一般包括产品创新、技术创新、市场创新、组织创新和管理方法创新等。产品创新主要是提高质量，扩大规模，创立名牌；技术创新主要是加大科学技术研究力度，不断开发新产品，提高设备技术水平和员工队伍素质；市场创新主要是加强市场调查研究，提高产品市场占有率，努力开拓新市场；组织创新主要是切合企业发展的需要，调整企业的组织结构；管理方法创新主要是企业生产经营过程中的具体管理技术和管理方法的创新。

2.可持续发展原理

可持续发展原理是指企业在整个生命周期内，要随时注意调整自己的经营战略，以适应变化了的外界环境，从而使企业始终处于兴旺发达的发展阶段。现代企业追求的目标不是企业一时的获利，而是企业长久的发展。这就需要企业管理者按照可持续发展的原理，从历史和未来的高度，全面考虑企业资源的合理安排，既要保证近期利益的获取，又要保证后续事业的蓬勃发展。

第二节　企业管理的产生与发展

企业管理是社会化大生产发展的客观要求和必然产物，是由人们在交换的过程中共同劳动所产生的。社会生产发展到一定阶段，规模较大的共同劳动都或多或少地需要指挥以协调个人的活动，通过对整个劳动过程的监督和调节，使单个劳动服从生产总体的要求，以保证整个劳动过程按照预定目标正常进行。尤其是在科学技术高度发达、产品日新月异、市场瞬息万变的现代社会中，企业管理就显得更加重要。

一、企业管理的产生

管理的历史与人类社会的历史一样久远，自人类有共同劳动时就有了管理。而企业管理却是在资本主义工厂制度出现以后，为适应资本主义生产发展的需要而逐步产生并发展起来的。

在资本主义生产方式产生之前的个体劳动条件下，劳动者只要具备简单的劳动工具，就可以进行生产。至于生产什么、如何生产、生产多少，都由自己决定，自己管理自己。但是，个人的力量是有限的，无法同无限的大自然做斗争，于是便出现了集体劳动。而集体力量的发挥，则有赖于分工和协作，有赖于管理，就像一个乐队需要一个指挥一样。于是，便有了管理的萌芽。这也就是说，管理是由共同劳动而产生的。但是，在这一时期，管理还没有成为一种普遍的社会现象。

在工业革命以后，资本主义大工业生产逐步替代了手工生产，由少数人使用工具，变成了大多数人使用工具。在手工劳动条件下，一件产品由一个工人完成，在机器大工业条件下，一件产品由多个工人分工协作完成。为了协调与指挥众多工人从事劳动，企业管理便产生了。

二、企业管理的发展

企业管理最初产生于资本主义社会，随着商品经济、社会化大生产以及科学技术的飞速发展，企业管理的内容日益丰富。企业管理的发展过程一般可分为传统管理阶段、科学管理阶段和现代管理阶段。

（一）传统管理阶段

传统管理阶段从18世纪末发展到20世纪初，即从资本主义工厂制度产生起到资本主义自由竞争结束为止，经历了100多年时间。

当时的管理主要是为了解决分工协作的问题，以保证生产的顺利进行，并充分利用各种资源，减少各种资源消耗，赚取更多利润。因此，生产管理、工资管理、成本管理是当时企业管理的主要内容。

这一时期管理的特点是，管理主要依据个人经验和感觉，没有科学的管理制度，工人和管理人员的培养靠的是师傅带徒弟的方式，把工人看成"经济人"。

（二）科学管理阶段

科学管理阶段是从20世纪初到20世纪40年代，经历了约半个世纪。在20世纪初，美国的工业资本出现了迅速集中的趋势，在激烈的竞争中，中小企业纷纷倒闭，大企业不断涌现，资本主义由自由竞争开始逐步向垄断过渡。随着企业规模的不断扩大，生产技术水平得到不断提高，分工协作也更加细化，传统的家长式的凭个人经验管理企业的方式已经不能适应新时代的要求，科学管理便应运而生。

1. 泰勒的科学管理

美国人泰勒是科学管理的创始人，被称为"科学管理之父"。泰勒当过学徒工、技工、车间主任、总工程师，直到总经理，这一特殊的经历使他有可能在工厂的生产第一线系统地研究劳动组织与生产管理问题。他做过许多科学管理的试验，其中有三项著名的试验。

第一项试验是搬运生铁。当时，每个工人平均每天搬运 12.5 吨生铁。泰勒对工人搬运生铁的动作方法进行了研究，挑选了一个身强力壮的工人来进行试验，并亲自加以指导，这个工人在第一天下午就搬运了 47.5 吨生铁，大大提高了劳动效率。

第二项试验是铁砂和煤炭的铲掘工作。以前，铲掘工人是自己备铲子，但是他们的铲子不标准，用以铲铁，每铲重量太大，用以铲煤，每铲重量又不足。泰勒经过试验，发现平均每铲重量约为 0.45 千克时，铲掘工作量最大。为此，泰勒专门设计了 10 多种不同形状的铲子，由公司统一制造，供应给工人使用，大大提高了工作效率。

第三项试验是金属切削试验。过去切削加工没有标准的加工工艺规程，只凭师傅带徒弟，凭经验进行加工。泰勒对切削加工的方法进行了试验，制定了各种操作加工的标准，要求工人按照标准的操作方法进行加工，大大提高了产品质量。

通过这些试验，泰勒总结了管理原理和方法，并于 1911 年出版了《科学管理原理》一书。这是资本主义世界最早的一本科学管理著作，也是企业管理从经验管理向科学管理过渡的标志。泰勒在书中全面、系统地论述了管理原理和方法，建立了自己的体系，后人称之为"泰勒制"。

泰勒制的主要内容包括以下几个方面。

第一，工作方法的标准化。通过分析研究工人的操作（动作），总结出高效率的标准工作法。为了使工人完成较高的工作定额，除了使其掌握标准工作法以外，还必须把工人使用的工具、机器、材料以及作业环境加以标准化。如前面提到的铁砂和煤炭的铲掘工作试验。

第二，工时的科学利用。通过对工人工时消耗的研究，制定出合理的操作标准时间，规定劳动的时间定额，作为安排工人任务、考核其劳动效率的标准。

第三，按照标准操作法对工人进行培训，以替代师傅带徒弟的传统方法。如前面提到的金属切削试验。

第四，实行有差别的计件工资制。对完成定额任务的工人，以较高的工资率发放工资，以激励工人积极工作。

第五，明确计划职能与作业职能。计划职能人员负责管理，作业职能人员即工人负责操作。

泰勒对企业管理的最大贡献是，他主张一切管理问题都应该用科学的方法加以研究解决，使个人经验上升为科学管理方法，开创了科学管理的新阶段。

与泰勒同时代的、对科学管理做出重大贡献的还有一些代表人物，如美国的吉尔布雷斯夫妇（Frank Bunker Gilbreth & Lillian Moller Gilbreth），在时间和动作研究方面做出了重大贡献；美国的甘特（Gantt）发明了运用线条图制订生产作业计划和控制计划的管理方法，这种线条图被称为"甘特图"；美国的福特（Ford）创立了汽车工业的生产流水线，为生产自动化创造了条件，被称为"福特制"。

2. 法约尔的组织管理理论

法约尔（Fayol）虽然同泰勒一样是个工程师，但两人的经历不同。泰勒后期主要从事工程技术工作，所以他的管理主要是面向车间（生产管理）的。法约尔曾经担任法国一家矿业公司的总经理，他的研究侧重于企业全面的生产经营管理。他认为自己的理论不仅可以应用于企业，也可以用于军政机关和宗教组织。他的管理理论主要包含在其1925年出版的《工业管理与一般管理》一书中。法约尔的管理理论主要包括经营的六种活动、管理的五个职能和管理的十四条原则。

法约尔将企业的经营活动划分为六个方面：技术活动、商业活动、财务活动、安全活动、会计活动、管理活动。这六种活动是企业组织中各级人员都具有的，只不过由于职务高低不同而各有侧重。

法约尔进一步提出了管理活动的五个职能：计划、组织、指挥、协调、控制。

法约尔还总结了实际工作经验，提出了有关管理的十四条原则：分工、权限和责任、纪律、命令的统一性、指挥的统一性、个别利益服从于整体利益、合理报酬、中央集权、等级系列、秩序、公平、保持人员稳定、首创精神、集体精神。

3. 梅奥的人际关系理论

人际关系理论始于20世纪20年代，其代表人物是美国哈佛大学的教授梅奥（Mayo）。他主持了著名的"霍桑试验"。

霍桑是美国西方电器公司的一个制造工厂，位于美国芝加哥郊外。在20世纪20年代，霍桑工厂已经具有较完善的娱乐设施、医疗制度和养老金制度等，但工人仍愤愤不平，生产情况也不理想。为了找寻其原因，1924年11月，美国科学院组织了一个包括有关方面专家在内的研究小组，到霍桑工厂研究工作条件与劳动效率之间的关系。他们进行了多次试验，其中一个主要试验是"照明度试验"，这是霍桑试验的第一阶段。试验的目的是检验照明度等物质条件与劳动效率之间有没有因果关系。试验进行了近三年，研究人员发现物质条件与劳动效率之间并没有多大的联系。

1927年，梅奥组织了一批哈佛大学的教授，会同西方电器公司人员组成了新的研究试验小组，继续进行试验工作。研究人员将原来在车间工作的工人转移到特设的试验室进行试验。他们在分析前一次试验的基础上，选择了增加工间休息时间、缩短工作时间、改进工资支付方式等试验内容。

研究人员发现，在试验室里工作的工人，其产量与原来相比较都有所提高，但是这种生产效率的提高与物质条件的改善、增加工间休息时间、缩短工作时间等没有直接的联系。工人对自己生产效率提高的原因也说不清楚，只是感觉在试验室里工作，由于没有工头的监督，工作自由了，知道自己是一项重要试验的成员，并与研究小组成员建立了良好的关系，工余时间工人之间也增加了接触，工人之间的关系改善了，产生了一种团结互助的感情。于是，研究人员得出结论：管理方法的改进，使工人之间的相互关系得到改善，从而使生产效率有所提高。

在试验时，研究人员发现工人中似乎有一种"非正式组织"在起作用。于是又安排了另外一项试验，即电话交换机的布线小组试验。这个小组有14名男工人，根据小组集体产量计算工资。根据小组的分析，就组员的生产能力而言，都可能超过他们目前的实际产量。但是在试验过程中，经过几个月的观察，小组产量总是维持在一定水平而没有超过。经过仔细分析，研究人员发现组内存在着一种默契，即有一种无形的压力，限制着每个人突破生产纪录。当有人超过日产量时，旁边就会有人给他暗示。例如，公司给每个人定的标准是一天焊7 312个接点，可是每个工人都把自己的产量限制在低于7 312个接点的水平上，他们自己制定了一个产量标准：6 000 ～ 6 600个。谁超过这个标准，就会受到小组的冷遇、讽刺或打击，小组的压力就指向他。当他们已经完成小组定额时，工人会在下班前就停止工作。这种"非正式组织"有自己的行为规范，还存在着自然的群众领袖人物。

在进行上述试验的同时，梅奥等人又组织了一个遍及全厂的关于士气问题的调查。他们前后花了三年多的时间对全厂约两万名职工进行了访问谈话，以了解工人对工作环境、对监工以及对公司的看法。结果发现，工人很乐意谈他们想谈的一切，而且，工人发泄了心中的闷气后，也感到高兴。结果，工人对生产的态度也有了改变，产量也提高了。

经过霍桑试验，并就这些试验以及访谈的结果进行了总结，研究人员得出了与科学管理理论不同的新观点。梅奥在1933年出版的《工业文明的人类问题》一书中正式提出了人际关系理论，其主要内容如下。

第一，传统的科学管理理论把人当作"经济人"看待，而梅奥等人认为工人不仅是"经济人"，而且是"社会人"。影响工人生产积极性的，除了物质利益等经济因素以外，还有社会和心理的因素。因此，不应该把工人当作"机器"而应该作为"社会人"加以尊重。

第二，传统的科学管理理论认为生产效率单纯地受工作方法和工作条件的影响，因而在管理上只强调工作方法的科学化、劳动组织的专业化以及作业程序的标准化。总之，传统管理是以"事"为中心的。而梅奥的人际关系理论认为，生产效率的提高主要取决于工人的"士气"，只要满足工人的社会心理需求，改变工人的态度，就会提高生产效率。

第三，企业中存在着"非正式组织"。"非正式组织"的存在对企业管理者提出了新的要求：要注意倾听工人的意见，与工人进行沟通，要使正式组织的经济目标与"非正式组织"的社会需求取得平衡。企业管理者不仅要善于了解工人合乎逻辑的行为，而且要了解工人不合逻辑的行为（如情绪等）。

（三）现代管理阶段

现代管理阶段大体上是从20世纪40年代开始一直到现在。第二次世界大战以后，西方经济发展出现了许多新变化，现代科学技术发展速度加快，技术更新周期和产品更新换代周期大大缩短，企业规模不断扩大，生产的专业化、协作化进一步加强，生产的社会化程度提高，而且出现了经营国际化的趋势，竞争异常激烈。这些变化使企业管理工作变得更加复杂，对企业管理提出了更高的要求。为了适应这种要求，现代企业管理的理论和方法逐渐形成并发展起来，主要包括以下学派。

1. 社会系统学派

社会系统学派是从社会学的角度研究管理，其代表人物是美国的管理学家巴纳德（Barnard），代表作是《经理人员的职能》一书。巴纳德认为，社会的各级组织是一个协作系统，是由相互协调的个人组成协作系统，这些系统不论其级别的高低和规模的大小，都包含协作的意愿、共同的目标、信息的联系三个基本要素。组织中的经理人员是这个协作系统的中心人物，其在组织中起着相互协调、相互联系的作用，使组织能够顺利运转，从而实现组织目标。

2. 系统管理理论学派

系统管理理论学派与前述社会系统学派同属于系统学派，其把系统论的观点用于研究企业的管理活动，主要代表人物有卡斯特（Custer）和罗森茨韦克（Rosenzweig），其代表作有《组织与管理：系统与权变的方法》。该学派主张用系统或整体的观点来看待企业管理，把企业看作一个人造系统，同周围环境保持着动态的相互作用，是一个开放的系统，用系统的观点来管理企业，能够提高企业整体的经营效率。

3. 决策理论学派

决策理论学派是以社会系统学派的理论为基础，吸收行为科学理论、系统论、运筹学和电子计算机技术而发展起来的一个学派。代表人物是获得1978年诺贝尔经济学奖的美国学者赫伯特·西蒙（Herbert Simon）教授，其代表作是1960年出版的《管理决策新科学》。

该学派的主要观点如下。

第一，管理就是决策，决策贯穿于管理的全过程和各方面。

第二，决策是一个复杂的过程，大体可分为三个阶段：一是收集信息，提出决策目标；二是拟订可行性方案；三是选择方案。

第三，决策的标准。传统决策遵循的原则是"最优化"，但现实中追求"最优化"往往是不大可能的。西蒙认为，由于受各种条件限制，在决策时很难求得最佳方案，在实践中，经常是求得一个令人满意的方案，即"只有更好没有最好"。

第四，程序化决策和非程序化决策。程序化决策是对经常出现的问题进行决策，如采购、生产作业计划的制订，这类决策经常出现，可以把过程标准化。非程序化决策是对不经常出现的问题的决策，如新产品开发，这类问题没有固定的方法和程序，一般依靠决策者的判断。

4. 经验主义学派

经验主义学派的代表人物是美国的彼得·德鲁克（Peter Drucker），其代表作有《管理的实践》。经验主义学派认为，传统的管理理论都不能适应企业发展的实际需要，企业管理应该从实际出发，以大企业的管理经验为研究对象，把这些经验上升为理论，或者将这些经验直接传授给实际工作者，向他们提出有益的建议。

5. 权变理论学派

权变理论学派是从20世纪70年代开始发展起来的，其代表人物有琼·伍德沃德（Joan Woodward）等人。该学派认为，在企业管理中，不存在适应一切情况的、一成不变的"最好方式"，管理模式和方法应该随着企业内外部环境的变化而灵活应用，随机应变。

6. 行为科学学派

行为科学产生于 20 世纪 30 年代。泰勒的科学管理对提高劳动生产率起到了重要作用，但同时也加重了企业对工人的剥削，激起了工人的反抗，劳资矛盾日益尖锐。因此，一些学者认为单纯地采用泰勒制不能对企业有效地进行管理，必须考虑人的因素，处理好人际关系。在这种情况下，行为科学理论就应运而生。

第三节　企业管理的特征与职能

随着我国社会主义市场经济体系的持续完善，加上全球经济一体化进程的加快，企业面临着日益复杂的市场竞争环境。市场条件呈现出复杂的趋势，企业生产管理面临的不确定性和风险性因素相较之前也更复杂。在这方面，企业对于管理的要求比之前要严格得多。熟悉企业管理的特征和基本职能，可使企业提高自身管理能力，更好地适应复杂的竞争环境。

一、企业管理的特征

企业管理不同于一般的管理，有其自身的特征，具体如下。

（一）企业管理是一种文化和社会现象

企业管理是一种文化现象和社会现象，这种现象的存在必须具备两个条件：两个人以上的集体活动和一致认可的目标。在人类的社会生产活动中，多人组织起来，进行分工，会达到个人单独活动所不能达到的效果。只要是多人共同活动，就需要通过制订计划、确定目标等来实现协作，这就需要进行管理。因此，管理活动存在于组织活动中，或者说管理的载体是组织。

组织的类型、形式和规模可能千差万别，但其内部都含有五个基本要素，即人（管理的主体和客体）、物（管理的客体、手段和条件）、信息（管理的客体、媒介和依据）、机构（反映管理的分工关系和管理的方式）、目的（表明为什么要有这个组织）。外部环境对于组织的效果与效率有很大影响，外部环境一般包括行业、原材料供应、财政资源、产品市场、技术、经济形势、社会文化等要素。一般认为，组织的内部要素是可以控制的，组织的外部要素是部分可以控制（如产品市场），部分不可以控制（如国家政策）的。

（二）企业管理的主体是管理者

管理是让别人和自己一同去实现既定的目标，管理者要对管理的效果负重要责任。管理者的第一个责任是管理组织，第二个责任是管理管理者，第三个责任是管理工作和工人。

企业管理者在企业的生产活动中处于领导地位，具有特殊的重要作用。他们独立于企业的资本所有者，自主地从事企业经营活动，是企业的最高决策者和各项经营活动的统一领导者，其职能如下。

第一，确定企业的目标与计划。企业管理都有其既定的最终目标。在一定时期内，为了实现企业的目标，就要使之具体化，形成企业的经营目标。企业的经营目标可分为长期目标与短期目标、总体目标与部门目标。企业经营者通过确立企业的目标和计划来统一企业全体成员的思想和行动，引导企业通过最有利的途径来实现其既定的目标。

作为企业经营者来说，要正确制订企业的经营计划，必须正确分析和判断企业的各种环境因素，善于估量市场的需求趋势、竞争企业的特点和企业自身的优势和劣势，及时抓住有利的投资机会，巧妙地规避可能出现的风险，并善于利用企业各级管理人员的经验和智慧，做出最佳决策。

第二，建立和健全企业的组织机构。建立和健全企业的组织机构，充分发挥其各自作用，并保证企业整体实现最大的效率，是达成企业目标的手段。因此，任何企业的组织机构都必须适应企业目标或任务的需要，而且要不断地健全和完善组织机构。

第三，配备专业的企业管理人员。企业经营者必须充分重视人才的质量，首先，要重视人才的选拔；其次，必须重视人才的考核与评价，因为这是人才选拔、晋升、确定报酬和奖励的依据，否则容易挫伤员工的工作积极性，此项工作必须经常化；最后，必须充分重视对人才的培训，这是人才选拔、晋升的可靠基础。

第四，实现对企业全局的有效领导。一个优秀的经营者必须同时是一个优秀的领导者，这就要求经营者学会运用诱因去激发下属人员的行为动机，使其心甘情愿、满腔热情地为企业的共同目标而努力。

第五，实现对企业经营全局的有效控制。企业经营者在确定企业的目标和计划后，就要发动和指挥企业全体成员去执行这些既定的目标和计划。其控制的职能就在于保证人们的执行活动始终不会偏离目标和计划的要求，从而保证目标得以顺利实现。

第六，实现对企业整体经营的有效协调。企业的经营活动是由众多相互联系的部门、环节和因素构成的统一体，在客观上存在着一定的相互制约关系。在经营过程中，有可能出现这样或那样的矛盾，使这种相互关系出现不协调的情况。经营者的协调职能就是要设法解决这些矛盾，保证企业的生产活动始终处于协调状态，从而保证企业计划和预期目标的顺利实现。

二、企业管理的职能

职能是指人、事物、机构所应有的作用。人的职能是指一定职位的人完成其职务的能力；事物的职能一般指事物的功能；机构的职能一般包括机构所承担的职务、职权、作用等内容。管理职能是指主管这样的特定职务或角色，如基层主管、中层主管或高层管理人员等所需具备的与工作相关的特定职务能力。企业管理的基本职能是指，企业的管理机构和管理人员在企业的生产经营活动中所发挥的专职管理效能，具体可分为决策、计划、组织、指挥、控制和激励等职能，现简要介绍如下。

（一）决策职能

决策是管理者为了实现某个目标，依据相关信息和权威而做出的关于资源配置和行动方案的决定。决策者往往遵循的是满意原则，而不是最优原则。决策的依据是信息和权威。

1. 决策的理论

（1）古典决策理论

古典决策理论盛行于 20 世纪 50 年代以前，基于"经济人"假设，决策的唯一目的就是为组织获取最大的经济利益。该决策理论具有如下特点。

一是决策者必须全面掌握决策环境信息。

二是决策者要充分了解备选方案的情况。

三是决策者应建立一个完整的组织体系。

四是决策者进行决策的目的始终是使组织获取最大的经济利益。

（2）行为决策理论

行为决策理论始于 20 世纪 50 年代，是对古典主义的批判，基于"有限理性"和"满意度"原则。在该决策理论中，影响决策的因素不仅仅有经济因素，还有决策者的态度、经验、动机等个人主观行为因素。该决策理论具有如下特点。

一是人的理性介于完全理性和非理性之间，即人的理性是有限的。

二是决策者在进行决策时，对于直觉的运用往往多于对逻辑分析方法的运用。

三是受时间和资源的限制，决策者了解环境信息和备选方案情况的程度总是有限的。

四是在风险型决策中，决策者对待风险的态度起着更为重要的作用。

五是决策者在决策过程中，往往只追求"满意"的结果，而不是"最优"的结果。

2. 决策的过程

决策包括以下过程。

第一，识别机会或诊断问题。

第二，明确目标。

第三，拟定备选方案。

第四，筛选方案。

第五，执行方案。

第六，评估效果。

3. 决策的方法

决策方法包括头脑风暴法、非交往型程序化决策法、德尔菲法。

头脑风暴法（10 到 20 人开专题会议）的要点有：各自发表自己的意见，对别人的意见不进行评价；不必深思熟虑，意见越多越好；鼓励独立思考、奇思妙想；可以补充自己的意见。

非交往型程序化决策法的程序有：通知开会的时间和地点；开会时宣布议题；定时沉默准备，形成自己独立的意见；轮流逐条发表意见；解释答疑；集体排序。

德尔菲法是采用寄发调查表的形式，以不记名的方式征询专家对某类问题的看法，在最后的意见征询中，将经过四分位法整理的上次调查结果反馈给各个专家，让他们重新考虑后再次提出自己的看法，并特别要求那些持极端看法的专家，详细说明自己的理由。经过几次这样的反馈过程，大多数专家的意见趋向于集中。

（二）计划职能

1. 计划的概念

计划是对决策所确定的任务和目标提供一种合理的实现方案，也可以理解为关于行动方向、内容和方式安排的管理文件。对于企业来说，"任务""目标""行动"的内涵往往是指企业的经营活动。

2. 计划的性质

计划往往包括以下几种性质。

一是计划工作服务于组织目标的实现。

二是计划工作是管理活动的基础和桥梁。

三是计划工作具有普遍性和秩序性。

四是计划工作具有经济性（有效性与效率）。

3. 计划的类型

计划可以分为以下几种类型。

一是长期计划和短期计划。

二是综合计划与专业计划。

三是战略计划与战术（策略）计划。

四是具体计划（指令性计划）与指导计划。

五是程序计划与非程序计划。

4. 计划的编制过程

计划的编制过程如下。

第一，确定目标，决策过程的输出。

第二，认清现在，分析内部能力和外部环境。

第三，研究过去，对历史资料进行定性和定量的分析。

第四，预测和确定计划的重要前提条件，确定边界约束条件。

第五，拟订和选择可行的行动方案。

第六，制订主体计划。

第七，制订派生计划。

第八，制定预算，用预算使计划数据化、经济化。

（三）组织职能

1. 组织的含义

组织是两个以上的人在一起为实现某个共同目标而协同行动的集合体。

它一般具有三层含义。第一，组织是一个法人单位（名词含义）。第二，组织是一个行为过程（动词含义），如组织起来。第三，组织是一个单位的组织体系，如组织设计意义下的组织是指组织体系。

2. 组织的设计

组织设计是指编制建设一个组织体系的预期方案，包括设计组织的结构，设计组织中各部门的职能和职权，确定职能职权、参谋职权、直线职权的活动范围（边界定义），编制职务说明书。其具体内容如下。

第一，职能与职务的分析与设计。

第二，部门设计。

第三，组织的层级与结构设计。

第四，配套运行制度设计。

3. 组织的类型

组织的类型可以分为以下几类。

一是正式组织与非正式组织。

二是实体组织与虚拟组织。

三是机械式组织与有机式组织。

4. 组织的层级化

组织的层级化包括层级结构、管理幅度、集权、分权和授权。

第一，组织的层级结构决定了组织运行的可靠性特征，层级越多，组织运行越可靠，但效率越低。

第二，组织的管理幅度决定了组织运行的效率性特征，幅度越宽，组织运行的效率越高，但可靠性越低。

第三，组织的集权，即决策指挥权集中于组织的较高层次，下级只有服从和执行的义务，如计划经济。

第四，组织的分权，即组织高层将一部分决策指挥权和相应责任分配给下级，往往是一个制度安排。

第五，组织的授权，即权力与责任分离，责任主体不变，把权力委托给他人，对于授权人而言具有一定的责任风险。授权往往是委托人和受托人之间的行为，不一定需要制度安排。

5. 组织结构的类型

组织结构可以分为以下几种类型。

一是直线制组织结构（单一的行政等级系列）。

二是职能制组织结构（增加管理职能部门）。

三是直线职能制组织结构。

四是事业部制组织结构（按产品划分组织单元）。

五是矩阵制组织结构。

6.组织结构的创新

组织结构的创新可以从以下几个方面进行。

第一，组织结构扁平化（追求效率，牺牲可靠性）。

第二，学习型组织结构。

第三，网络化组织结构（虚拟组织结构）。

（四）指挥职能

指挥是通过下达计划、指令等来调度下属组织和人员，以便有效地指导和推动其实现计划目标的活动。指挥凭借权力和权威使下属服从，是在复杂情况下汇聚必要力量来实现确定目标的主要条件。

实施指挥职能要确保指挥的有效性，要建立统一、高效的指挥系统；要在充分了解情况的基础上，按照实际情况进行决策，使指挥具有科学性。下级对上级要做到"有令则行，有禁则止"，维护上级指挥的权威性，自觉服从上级指挥。同时，领导者在指挥过程中也应配以适当的说服、激励等方式，使下级更加心悦诚服。另外，在企业管理中并非事事时时都需要指挥，小权分散，分工负责，领导当参谋，有时能够更充分地调动各方面的积极性和主动性，使企业的经营管理活动开展得更有成效。

（五）控制职能

1.控制的概念

控制是指企业管理者保障实际业务活动与计划相一致的过程，是确定标准、执行标准、衡量执行情况并采取措施努力纠正偏差的一系列工作。

2.控制与计划的关系

控制与计划相互联系，密不可分。

第一，计划为控制提供衡量的标准。

第二，计划和控制的效果分别依赖于对方。

第三，有效的控制方法包含有效的计划方法。

第四，计划本身需要控制，控制本身也需要计划。

3.控制的基础与前提

计划、组织结构和信息是控制的基础和前提。

第一，控制要有明确和完整的计划（目标和标准）。

第二，控制要有明确的组织结构（职能和责任明确）。

第三，控制要依据有效的信息。

4. 控制的重要性

控制具有非常重要的作用，主要表现为以下几点。

第一，控制是组织适应环境的重要保障。

第二，控制是提高管理水平的有效手段。

第三，控制是增强员工责任心的重要手段。

5. 控制的过程

控制的过程包括以下几点。

一是确定控制标准。

二是衡量实际工作绩效。

三是将实际工作绩效与标准进行比较（分析偏差）。

四是采取措施纠正偏差。

6. 控制的典型领域

控制的典型领域包括生产控制、成本控制、质量控制、财务控制、库存控制、人员控制。

（六）激励职能

1. 激励的概念

激励是指通过影响人们的内在需求或动机来引导、维持和加强行为的活动或过程，其实质是对人们积极性的激发与鼓励。

2. 激励的机制

第一，"需要"是积极性的本源。

第二，"认识"是积极性的调控器。

第三，环境对积极性有制约或促进作用。

第四，行为的效果对积极性有强化作用。

3. 主要的激励理论

第一，内容型激励理论包括马斯洛（Maslow）的需求层次理论、赫茨伯格（Herzberg）的双因素理论、麦克利兰（McClelland）的成就动机理论。

第二，过程型激励理论包括亚当斯（Adams）的公平（社会比较）理论、弗鲁姆（Vroom）的期望理论。

第三，行为改造型激励理论包括强化理论、归因理论和挫折理论。

激励除了技术性的方法外，还包括关心和爱护员工，维护员工的自尊心；

留意并及时肯定他们的长处，理解并保护他们的创造热情，通过民主形式激发他们的主人翁精神；平时通过有效的思想教育让他们了解工作的意义，时刻鼓励他们，使他们看到前途并树立信心；对员工进行适当的精神奖励，给予必要的物质奖励，必要时敢于重奖，让他们自觉行动，充分发挥自己的主动性和聪明才智。在运用激励职能时，要注意把思想激励与物质激励结合起来，把解决思想问题和解决实际问题结合起来，把耐心的思想教育和严格的组织纪律结合起来。

企业管理的各项职能是一个有机的整体。通过决策和计划职能，明确企业的目标和方向；通过组织职能，建立实现企业目标的手段；通过指挥职能，建立正常的生产经营秩序；通过控制职能，检查计划的实施情况，保证计划的顺利落实；通过激励职能，激发员工的自觉精神。各项职能相互联系，相互渗透，相互制约，共同促成管理的协调。科学而及时的决策和计划，统一而权威的组织与指挥，适时而有的放矢的激励与控制，是管理活动富有生机、协调而高效的体现，也是管理目标得以实现的保证。

第四节　企业管理中存在的问题与解决路径

我国企业目前正处在一个变革时期。一方面，我国经济与世界经济逐渐走向融合，全球化进程加快；另一方面，我国企业与国外企业的竞争也日趋激烈。为了在竞争中占据有利地位，我国就必须加强企业管理，这对企业管理提出了新的要求，要适应现代企业管理的发展变化趋势，企业不仅要提高企业管理水平，而且更要创新企业管理，解决发展中遇到的问题。

现代企业管理基本涵盖了企业内部运作中的各个方面，是一个非常宽泛的概念。具体来看，按照管理对象划分包括资金管理、人力资源管理、存货管理、市场管理等，按照职能或者业务功能划分包括生产管理、销售管理、质量管理、财务管理、税务管理、信息管理等，按照层次上下划分包括经营层面管理、业务层面管理、决策层面管理、执行层面管理等。如果企业管理水平提升速度跟不上市场环境变化和企业规模发展速度，可能会导致企业管理失效，使企业难以为继。

因此，本节从提升企业自身管理能力上入手，研究分析我国企业发展面临的主要问题，并提出解决路径，以促使我国企业提高管理能力，实现健康发展。

一、企业管理中存在的问题

（一）企业资金管理中存在的问题

资金是企业的立身之本、发展之源，是企业维持可持续经营的重要基础。企业需要深刻认识到资金管理的重要性，加强资金管理，从而为其可持续发展创造有利条件。当今企业资金管理中存在以下问题。

第一，企业资金管理内部控制制度不完善。企业欠缺整体的资金防控意识，很多企业在投融资决策方面具有较大的盲目性，使资金产生不必要的浪费。一些企业没有建立健全的风险防控体系和问责制度，融资面也比较窄，存在"融资难"等问题。

第二，企业资金管理缺乏科学性。一些企业在设计和安排资金管理时，没有注重管理的科学性，导致其资金管理水平较低，在管理过程中存在很多漏洞。

第三，企业资金管理缺乏规划性。一些企业的管理层没有认识到资金管理的重要性，没有遵循以销定产、以产订购的顺序安排和实施资金使用规划，导致其资金出现不足或者闲置的情况，资金使用效率下降。

第四，企业资金管理缺乏创新性。企业的资金管理要想取得较好的效果，就应该对资金管理方式进行创新。目前的一些企业在资金管理创新方面较为薄弱，导致其资金管理的效能化水平低，无法提高资金利用率。

第五，企业资金管理监控体系不完善。企业对于资金的有效管控需要依托于完善的监控体系来实现，要将监控工作深入企业日常业务的资金管理中，以此来降低资金管理不善的风险。

（二）企业人力资源管理中存在的问题

企业人力资源管理中存在的问题集中体现在以下几个方面。

第一，企业未能清楚地认知人力资源管理的重要性。企业由于受到自身局限性的影响，在其实际发展过程中往往更为注重将有限的资源投入产品的开发、生产以及销售等各个方面，所追求的也是利润以及有形资产的增加，这使很多企业忽略了人力资源管理的重要价值和作用。

第二，企业实施人力资源管理有困难。一些企业的发展规模较小以及财力等方面有限，在管理结构上也是家族式管理，导致其在进行人才选用时存在一定的弊端，进而导致企业人力资源管理策略难以推行和实施。

第三，企业未能建立健全的培训机制。一些企业在员工的培训工作方面给予的投资力度不足，同时培训工作缺乏连贯性以及系统性，导致企业员工的各项能力以及素质提升缓慢，对企业自身的生产经营效率都产生了不利影响。

第四，企业缺乏有效的绩效考核和激励体系。一些企业不注重薪酬分配的公平性，员工薪资多与其职务、资历相关，企业缺乏完善的薪酬体系，存在不合理的分配现象，同时绩效考核占比不合理，主要是考核出勤和纪律等，不利于提高员工的工作积极性。

第五，企业人力资源管理组织架构的系统性不足。一些企业在人力资源规划方面重视不足，难以有效协调其人力资源管理体系，企业的人力资源部门通常只关注自身工作，缺乏全盘战略眼光，事务性工作居多，企业内部人力资源管理缺乏系统性的组织架构。

（三）企业存货管理中存在的问题

在企业中，存货是非常重要的资产，存货管理不但直接影响到企业的经营收益，还会影响到企业资金的流动性和企业整体的经营运作，是企业管理中非常重要的环节。因此，怎样提高存货的管理效率，值得当前广大企业管理者进行深入思考。企业存货管理中存在的问题集中体现在以下几个方面。

第一，企业存货管理理念落后。一些企业管理者对于存货管理重视不够，存货管理模式停留在传统的账表管理上，无法对存货管理状态进行全程化、动态化的监管，使企业生产环节及仓储、销售等环节出现衔接不畅的现象，影响存货管理效率。

第二，企业存货管理流程繁杂。在存货管理中，盘点是重要的流程之一，也是做好存货管理的关键环节。科学、准确、有序的盘点，可避免出现账实不符的问题。一些企业在存货盘点上，程序相对烦琐，耗时耗力，还增加了账实不符的情况发生的概率，增加了存货管理成本。

第三，企业存货管理配套机制缺失。存货管理的配套机制不到位具体表现在以下几个方面。一是存货的采购管理制度不完善，制度执行不够到位。二是存货收发管理的内部控制失效，职务不能有效分离，会造成有人徇私舞弊，侵吞企业资产。三是存货的盘点管理制度不够合理，会加大漏盘、错盘、重复盘点的风险。四是存货内部控制考核制度不够健全。

第四，企业存货管理信息化手段落后。一些企业的管理架构本身不够完善，甚至有企业处于零信息化的存货管理状态，主要以手工方式记录存货的明细账，利用计算机简单统计数据。这样就需要相对较多的人力成本和时间成本，并且存货数据更新不及时，进而影响到其他财务数据的更新。

（四）企业税务管理中存在的问题

在企业经营管理的过程中，税务管理是一项十分重要的工作。企业通过有效的税务管理可以减少不必要的支出，达到控制成本的目的，有利于增加企业利润。企业应不断改进税务管理工作，明确税务管理工作中的缺陷和不足，进而采取有针对性的措施。企业税务管理中存在的问题主要有以下几个方面。

第一，企业对税务管理重视程度不足。部分企业将管理重点放在资金管理上，没有对产品所蕴含的价值进行深入研究，在税务管理上有所不足，并且未给予相应重视，在会计核算环节也有所忽视，导致资金整体利用率下降，管理水平不高。

第二，企业法律意识淡薄。在企业实际运营的过程中，税务管理的基础工作有所欠缺。一方面，监督审查机制不完善，且责任不明确，出现问题时无法第一时间进行追查，导致税务管理工作落实难度较大。另一方面，税务管理人员缺少法律意识，在管理过程中会通过偷税、漏税的方式来控制成本。虽然这样取得了一定的控制效果，却违反了国家的法律法规，需要追究其相应的法律责任，威胁到企业的生存与发展。

第三，企业缺乏税务管理人才。就目前情况来看，我国税务管理工作还处在发展阶段，相关的经验、技术和知识都不够丰富，专业人才也比较匮乏，同时缺少有效的人才培养机制，企业对此类人才的培养和选聘也不够重视，所以税务管理工作缺少专业的人才，造成工作效率和质量难以提升。从实际情况看，很多企业没有安排专门的税务负责人，管理上缺少对于细节的把控。高校对企业税务管理人才的专门培养也较少，所以这个领域仍旧处在人才匮乏的状态中。

第四，企业工作人员与税务部门沟通交流不足。一些企业负责税务工作的相关人员对于国家的税收政策缺乏深入的理解与分析，凭工作经验判断税务类型，容易导致判断出现偏差，影响了税收优惠政策作用的发挥，还可能造成税务风险。这需要企业加强与税务部门的交流和沟通，要及时了解、深入学习、熟练掌握最新的税收优惠政策，在此基础上结合企业的具体经营和管理情况，科学合理地进行税务规划。

二、企业管理中存在问题的解决路径

（一）企业资金管理中存在问题的解决路径

第一，健全企业资金管理内部控制制度。企业管理者首先应当提高其对于资金管理的重视程度，并且基于内部控制框架健全资金内部控制制度，从制度文化建设入手，建立责任制，层层落实关于资金管控的制度。

第二，实现企业资金管理科学化。企业要实现资金管理科学化，就需要建立完善的资金组织机构，组建专门的资金管理部门，并根据自身的实际情况设置岗位，聘请专业化的资金管理人员使资金管理工作规范化。

第三，实现企业资金管理规范化。企业一般按照月或者周进行现金预算，在一般情况下，现金是结余还是短缺需要依靠现金收入、支出情况来判断，企业根据情况来决定是选择短期投资还是临时性投资，一旦出现资金短缺的情况，要及时调度资金，处理现金收支不平衡的问题。

第四，强化企业资金管理创新性。资金管理理念的创新主要是将降本增效作为管理的目标和方向，同时增强资金管理的可持续性。资金管理思路的创新是基于风险的防范和控制层面，实现全面性、全程性的资金风险管理。资金管理模式的创新主要是将信息技术、网络技术和智能技术投入资金管理的应用中，促进企业的可持续健康发展。

第五，构建健全的企业资金管理监控体系。在日常监管方面，企业要增强对资金的日常监控，构建风险预警系统，尽可能地降低坏账风险。

（二）企业人力资源管理中存在问题的解决路径

第一，企业管理层应清楚认识到人力资源管理的重要性。企业管理者应认识到人力资源管理不仅仅是简单的人员调配，同时也是企业针对人力资源所开展的各项开发活动、配置活动、组织活动、监督活动以及保护与调节活动等。

第二，企业应构建较为完善的用人机制。企业应保证人才选拔的合理性以及科学性，摒弃以往家族式的管理模式，构建一个公平合理的人才选拔机制，使内部员工实现公平竞争，进而选拔出更多优秀人才。

第三，企业应建立健全的培训制度。企业一方面需加大人力资源培训力度，在科学的人力资本理念下，为培训开发工作提供足够的资金支持，另一方面需建立起分层次、分专业的培训体系，不断创新培训方法，实现按需培训，依托项目经理和重点工程项目建设，开展有针对性的培训工作。

第四，企业需建立起完善的绩效考核体系。企业需抓住关键性的考核指标，在这些绩效指标的导向下实现管理，并对考核结果进行合理运用，明确考核奖惩体系，依据既定标准落实好奖惩方式，确保绩效考核的作用得到充分发挥。

第五，企业应建立战略性的人力资源管理体系。企业可构建跨层次和跨部门的人力资源管理组织架构，形成完善的人力资源管理体系，由各部门经理承担各自的人力资源管理责任。

（三）企业存货管理中存在问题的解决路径

第一，企业要转变存货管理理念。企业对存货管理工作要给予高度重视，结合企业实际，建设与企业生产情况相符合的存货管理模式。企业管理者要转变观念，立足企业经营需要，通盘考虑和设计存货管理体系，如规划存货管理流程，完善存货管理制度，将企业生产各部门纳入存货管理职责分工体系中，让存货管理制度具有良好的可操作性、可执行性。

第二，企业应制定科学的盘点制度。在整个存货管理体系中，盘点工作不容忽视。由于企业存货多、散、全，不同物资的存放与管理、使用也不尽相同。对于存货盘点工作，企业要结合存货物资及企业生产所需，采取合理的、恰当的盘点方式。

第三，企业需构建健全的存货管理配套机制。在存货管理工作中需要引入内部控制体系，从技术、人员、制度、环境等方面，优化存货业务流程，衔接不同部门、不同岗位，落实岗位责任，妥善处理各项存货管理中的问题。如依托岗位展开业务培训，增强人员的存货管理意识，确保各项工作按规程执行。明确责任，对存货管理的重点环节实施全面监控，提升存货管理效率。

第四，推进企业信息化建设进程。一是企业要加强对信息技术的应用。特别是在企业规模不断扩大的前提下，企业的存货管理工作更加复杂，企业应当以信息技术为基础开展存货管理工作，不断提高企业的存货管理质量和效率。二是融合人工智能技术，加强供应链的管理。以人工智能技术优化整个供应链，使企业实现从原材料采购，到产品生产和销售，再到财务核算的系统管理，将企业生产经营的整个供应链有机融合到一起，打造高效运行的信息系统，提升存货管理的效率。

（四）企业税务管理中存在问题的解决路径

第一，促使企业重视税务管理，建立风险机制。企业在新形势下要对税务管理工作给予充分的重视，建立独立机构来进行专业化管理，使企业在风险机制的护航下稳步前行。企业可借助税务自查来最大限度地规避风险，对涉税风险体制进行完善。

第二，强化企业的法律意识。企业的税务管理人员应该具有较强的法律意识，在落实税务管理工作的过程中要严格遵守法律法规，既要尽到公民应尽的责任，还要承担相应的会计岗位义务，采用合法的手段来避税，全面杜绝偷税、漏税等违法行为，如果发现有违法行为，一定要依法办理。

第三，企业要加强税务管理方面人才的培养。企业应做好选聘、培训等工作。在选聘方面，要严格筛选税务管理人员，做好考核审查工作，确保人员具有专业的知识和良好的职业素养。在培训方面，应积极学习先进的技术经验，定期开展培训教育活动，组织企业中优秀的管理人员参与培训活动，进一步提升人才的能力和水平。企业还应积极组建专业的税务管理团队，以有效控制涉税管理风险。

第四，企业需加强与税务部门的沟通交流。为了有效地运用国家的税收优惠政策，实现企业的利益最大化，企业的税务管理人员要及时、深入地了解和掌握最新的税收优惠政策，时刻关注国家税收优惠政策的动态变化，实现对税收优惠政策的运用更加科学、合理，降低因政策运用不当而造成的税务风险。企业的税务管理人员要强化与税务部门之间的沟通和交流，深入解读税收政策，有效降低实际执行和实施过程中的偏差，提高税收优惠政策的运用效果，并结合企业的实际运营和管理的情况，科学地进行税务规划，促使企业更好地实现自身的经营管理目标。

第四章　财务会计在企业管理中的地位和影响

近年来，我国经济进入新的发展阶段，各领域的企业竞争日趋激烈，自从我国成功加入世界贸易组织后，我国企业不再将市场局限于国内，开始向国际市场进军。企业要想在国际市场上占据竞争优势，就必须提高企业管理水平。企业管理人员要想提高其管理工作的水平，就要借助财务会计整理出的各部门经济支出和收益报表，并深入分析报表数据，提升各部门的工作质量和效率，在保证资金正常运作和流动的前提下，增加企业的整体收入，降低不必要的成本损耗，为企业持续做大做强打好坚实可靠的基础。本章主要内容包括财务会计是企业管理的重要组成部分、财务会计提升企业管理的效率、财务会计为企业管理的科学决策奠定基础、财务会计控制企业管理成本等方面。

第一节　财务会计是企业管理的重要组成部分

在现代企业管理体系中，财务会计是重要的组成部分。一个企业要正常运行，就离不开各个部门的协同合作，财务部门作为企业的一部分，在整个企业的运行过程中，起着非常重要且不可或缺的作用。财务会计工作不仅仅是企业内部的一项基础工作，在整个企业的发展过程中，其对于企业经济效益的提高和经营发展的顺利进行都有着极其重要的意义。

一、财务会计对于企业管理内部控制的相关界定

财务会计是企业实现可持续发展的基础，是管理效率和生产效率的保证，其能保障企业资产安全并保证财务信息质量。财务会计处于企业的重要位置，是企业生产经营活动自我调节和自我制约的内在机制。不断完善企业财务会计

内部控制并最大限度地发挥其作用，对于增强企业在市场竞争中的生存能力和适应能力具有重要意义。

在我国的资本市场开始实施全方位对外开放的大背景下，企业面临着很多机会，同时也伴随着更多的竞争风险。企业要在变化莫测、充满风险的经济环境中生存和发展，离不开完善的内部控制。财务会计内部控制作为一种先进的组织管理制度，已经成为现代企业管理的重要组成部分。财务会计在追求价值最大化的现代企业生产经营活动中的作用越来越突出，其执行的程度更是直接影响企业目标的实现。内部控制作为十分重要的内容，影响着企业管理质量的提高，对于保护企业资产安全有着重要作用。因此，企业必须要重视和加强财务会计内部控制工作，对现有的财务会计内部控制机制进行完善和优化，以便更好地规避风险，推动企业的长效发展。有效且稳健运行的财务会计内部控制同样可以保证企业管理制度的执行质量，财务会计内部控制也会对财务信息披露的质量产生一定的影响。合理的企业管理制度就是要平衡与约束各级机构之间的利益和行为，而运行稳健的财务会计内部控制在保证这样的平衡实现的过程中发挥了重要的作用。由此可知，企业管理制度可以影响财务会计内部控制的实行，进而影响财务信息披露的质量，财务会计内部控制也可以反过来影响企业管理水平且对财务信息披露质量产生影响。财务会计内部控制与企业管理不仅彼此关联而且互相区分，有必要将两者的嵌合效应纳入同一研究框架中以分析两者的嵌合效应是否对财务信息披露质量产生影响。

二、财务会计对于企业管理内部控制的主要目标

（一）资金管理目标

市场经济的迅速发展不仅给企业带来了各种机遇，而且带来了很多挑战。其中最为重要、最不能忽视的便是企业的资金管理问题，这既是一个企业生存发展最基本的问题，也是保证企业在激烈的市场竞争中生存并快速发展的基础。一个健康的企业必须具有健康的资金链条和一系列资金管理的方法程序，完整的资金管理体系是企业资金链安全的基础，是企业稳定发展的前提，更是企业提升其综合实力的保证。现代化的企业不仅要在产品上进行创新，提升其市场竞争力，还要在管理方法和模式上进行创新，保证企业发展的基础，资金管理体系的发展便是在这样一个基础上形成的。

为了使企业发展得更加稳定、快速，企业必须要加强企业资金方面的管理。首先，企业必须要明确管理的重点内容，以及对岗位的情况进行明确，对于管

理过程中的一些独立工作要分开处理，这样才能够使财务会计人员能够明确自身的责任，使财务管理向着精细化的方向发展。其次，对于财务工作的授权，企业管理者必须要制定相应的制度，这样才能够保证企业资金在使用过程中的安全性，保证每一笔资金都能够用到合理之处，为企业创造更大的经济效益。最后，企业还要妥善保管财务管理中的一些原始凭证，通过建立一套完善的监督体系，帮助财务会计人员及时发现存在的问题，并且通过有效的方法加以解决，防止出现资金侵占行为。企业在进行资金清点盘查工作时，还应运用合理的管理办法提高资金的管控水平。

（二）预算管理目标

财务预算管理是一个综合性的财务计划，其集企业计划、经营、协调与评价等为一体。具体而言，有关企业资本性投资方案的评价及其计划被称为"资本预算"；预计和估算企业的收入、利润以及费用便是企业的经营预算；而以资本预算和经营预算为基础和前提，对一定期间内的损益和现金流量所做出的具体安排则是财务预算。财务预算管理对于企业的发展而言至关重要，但是一些中小企业由于过于重视对眼前利润的追求，忽视了对企业长远发展战略的制定，导致其财务预算管理工作未得到应有的重视。预算管理对于企业发展的重要性不言而喻，尤其是对于中小企业来说，由于其规模较小，做好预算管理对于企业资金流动的影响较大。换言之，中小企业的预算管理工作在一定程度上对企业的稳健发展具有决定性的作用。因此，中小企业必须全面加强预算管理工作，为自身的发展做好准备。

企业在进行资金预算管理工作的过程中，要完成好执行管理工作，对相关的责任制度进行完善。在确定领导人员职责的前提下，进行管理活动等，对资金支出的规模进行分析，加大资金预算执行检查管理工作的力度，及时指出资金预算超支的情况，运用有效的办法进行解决。并且，企业还应进行预算预警管理工作，在对制度进行完善的前提下，采取预算限额的办法，对超出预算等情况进行及时预警。此外，在企业财务管理中，要对绩效预算的管理制定完善的考核机制，从而帮助企业提高绩效预算的准确性。并且，企业管理人员通过管理过程中的大数据对一些信息及时地进行明确，找出其中存在的问题，并且运用妥善的方法进行改善。

（三）采购管理目标

进入 21 世纪以来，我国社会经济飞速发展，同时我国企业也越来越多，企业之间竞争更加激烈。企业要想在同一领域的市场竞争中占有一席之地，获取更大的经济利益，就要不断加大企业物品采购的管理力度，促使企业材料成本不断下降的同时还要使企业正常供给得到保障，进而不断推动企业实现进一步的发展。企业物资采购管理在整个企业经营管理过程中占据着关键地位，不断加大对物资采购的管理力度从而使企业采购质量得到保障，进而购买到质量相对较好的产品，可以在完成采购任务的基础上使采购成本得到合理管控。以企业生产经营为依据，按时、按量选购符合企业标准的产品从而使企业生产需求物资得到保障，并促进企业的生产顺利进行。现代社会竞争日益激烈，企业只有不断提升自身的物资采购管理水平，才能促使其获取更大的经济利益，并促进其在同领域中取得良好的发展。首先，对于企业的采购或付款管理，管理人员必须要先对市场经济发展情况进行研究，保证每一项业务都能够符合企业发展的趋势，并且对于需要采购的物品进行明确的内容申请与审批，只有经过管理者同意后才能够进行采购。其次，对于企业财务管理工作要进行重点验收，当采购工作完成后要由财务会计人员对物品进行统一清理，并进行严格的检查，从而保证采购物品的质量。最后，企业在进行付款时，要根据相关管理者的授权审批，对付款环节进行严格的管理，从而帮助财务会计人员提高货款的审批效率，并增强资金审批的控制能力。随着我国社会经济的进一步发展，企业市场竞争力也越来越强，企业在整个发展过程中都要开展物资采购管理工作。因此，企业物资采购人员必须以物资采购管理体制标准为基础进行物资采购，从而使企业成本不断降低，并购买到质量合格的原料，进而使企业获取更多的经济利益。

三、财务会计对于企业管理内部控制的价值体现

（一）降低企业财务风险

财务会计内部控制是企业风险管理中不可或缺的一部分。风险管理与财务会计内部控制的主要目的在于保全企业资产、维护投资者的利益，进而创造出新的价值。财务会计内部控制是企业制度不可分割的一部分。风险管理则是在新的市场环境、新的技术下，基于内部控制框架的三个目标之外，增设了战略目标和风险应对、事件识别、目标设定这三个要素，是对财务会计内部控制的进一步拓展。所以，企业的财务会计内部控制与风险管理这两者之间属于一种主从关系，风险管理进一步地延伸与扩展了财务会计内部控制，最后也会借助于财务会计内部控制的一系列手段、方法，来促进风险管理战略目标的实现。在持续扩展的过程之中，企业时常需要制定出一些重大的决策，来帮助其实现

扩展的目的，如在市场营销、基础建设、成果转化、产业投资等方面的决策。因此，若缺少一个规范、系统的财务会计内部控制机制，则可能使决策出现偏差或是失误，更严重时，还会带来权益或是经济上的纠纷，进而制约企业的稳定、长远发展。反之，若具有一个健全、完善的财务会计内部控制机制，便可对决策者的行为起到有效的制约作用，进而使之制定出的决策方法和程序具有规范性、合理性、系统性，使主观错误得以最大限度地避免，从而保障企业长远、健康的发展。只有有效地预防、控制企业经营过程之中的各类风险，企业才可实现生存且长久发展的目标。而财务会计内部控制通过有效地评估企业经营活动中的风险，使企业对于其薄弱环节的控制不断增强，进而将企业的风险清除于可接受的范围内，是防范经营风险最具成效的手段。伴随着全球经济一体化的不断推进，以及我国市场经济制度的持续完善，企业在生产经营过程中必然会遇到更多的风险。企业要想有效地管理与应对这些风险，就一定要清楚地认识并发挥好企业财务会计内部控制在风险管理中的重要作用。

（二）优化企业治理工作

财务会计内部控制机构主要由企业的董事会以及管理层或是全体企业成员共同参加，以实现企业发展的经营目标为主要目的，并按照一定的规则或是相关的程序对企业的生产经营情况进行整体的监督与控制。其可以进一步保证企业的合法经营地位，确保企业各项财务信息的可靠、真实，最终实现企业的预期经营目标。企业管理在现代企业制度不断建立与发展的过程中承担着运营与发展的作用，也是企业进行科学化管理的主要手段，是企业的所有者对企业生产经营情况进行有效监督的一种制度保障。其由内部治理与外部治理所组成。内部治理在人员构成上主要是由企业的股东大会成员，或是由董事会、监事会与相应的经理人员所组成的；外部治理主要通过产品市场与资本市场等外部市场的综合竞争来进行。

财务会计内部控制可对企业的外部资本市场产生一定的发展影响，具有良好外部资本的企业可以实现其自身的经营价值，而财务会计内部控制对其影响主要表现在确保财务信息的准确性与真实性。财务会计内部控制有利于企业潜在市场的发展，可以通过绩效考核或是直接约束企业经理人的行为完成控制，加强经营管理风险的评估，保证经营效率。财务会计内部控制对企业的整体产品市场具有一定影响，这是因为企业经营情况的评价标准主要是由其生产出的产品所决定的，企业生产的产品要想取得竞争优势，就需要在价格和质量上狠下功夫，以实现企业管理的最终目标。

（三）合理控制企业成本

成本控制是企业根据一定时期预先建立的成本管理目标，由成本控制主体在其职权范围内，在生产耗费发生以前和成本控制过程中，对各种影响成本的因素和条件采取的一系列预防和调节措施，以保证成本管理目标实现的管理行为。财务会计内部控制关系到企业运营的方方面面，从采购、销售到存货的管理，从招聘到工资等。为了保证企业的平稳运营，企业管理层会制定出相关政策，就像治家治国一样，使企业管理有法可依。所以财务会计内部控制不仅仅包含对财务报表准确性的影响，还涉及企业运营的状况。其中具体的控制方面主要包括成本控制，因此，实现财务会计内部控制的重要方面是管理层，管理会计所做的成本控制，就是管理层对财务会计内部控制的具体化，其目标具有一致性，即实现企业经营效益的最大化。

同样的成本控制方法在不同的企业会有不同的效果，这是由于内部环境的差异。营造良好的内部环境，能促进企业成本控制工作的有效展开，从而达到企业管理的目标。相反，落后的内部环境会阻碍企业的发展。财务会计内部控制监督是现代企业改善其经营管理、降低重大内部控制缺陷发生可能性的重要措施。在信息系统环境下，财务会计内部控制分成若干个子系统，如生产系统、销售系统等，各系统之间有明确的界限，从而达到相互制约的作用。每个子系统都应当制定严格的内部控制制度，以实现成本监督的效果。内部控制的目的在于保证企业经营管理的合法合规、资金安全，财务报告及相关信息的真实、完整，提高企业经营的效率和效果，促进企业实现其发展战略。而成本控制的目的在于对与成本相关的因素采取各种预防措施和调节措施，以达到成本控制的目标，从而有效地将成本控制在预期范围内。如果企业有效控制了成本，在其他因素不变的条件下，必然能提高企业的经营业绩。

（四）保障财务数据真实

财务信息必须真实地反映企业的财务状况、经营成果和现金流量等情况，是对财务会计人员的基本要求。从宏观的角度看，企业提供的财务信息是一种社会产品，财务信息与投资者的投资决策、债权人的信贷决策、对企业经济价值与社会价值的评价、政府对微观企业的控制、企业经营管理者的廉政建设等，都密切相关。因此，企业财务信息的质量，不仅影响到与企业有利益关系的投资者、债权人等群体的经济利益，而且影响到整个国家的经济秩序和社会秩序，故而企业必须高度重视企业财务信息的质量问题。其中，财务信息的真实性尤为重要。但在社会主义市场经济条件下，财务信息失真现象大量存在，对我国市场经济建设与发展形成了制约效应。正确、可靠的财务数据是企业经营管理者了解过去、控制现在、预测未来、做出决策的必要条件。而财务会计内部控制系统通过制定和执行业务处理程序，科学地进行职责分工，使会计资料在相互牵制的条件下产生，从而有效地避免错误和弊端的发生，保证会计资料的正确性和可靠性。财务会计内部控制制度对会计资料的处理有着严密的控制措施，如对会计资料的处理进行稽核、复核，以保证凭证、账簿、报表及其他会计记录等信息的准确性。通过核对可以及时发现错误，并予以纠正，从而保证账证、账账、账实、账表相符，保证财务信息的正确性和真实性。财务会计内部控制制度是企业内部控制制度的一个重要方面。

四、财务会计对于企业管理内部控制的实施策略

（一）提升内部控制意识

企业内部控制环境的一项重要组成部分就是内部控制意识，拥有良好的企业内部控制意识是企业内部控制制度得以贯彻和实施的重要基础。加强财务会计内部控制意识建设要从国家、企业和员工三个方面着手。从国家层面上来讲，政府相关职能部门要认识到企业财务会计内部控制的重要性，充分发挥政府部门的主导作用，完善企业财务会计内部控制法律法规建设，为企业的发展营造良好的环境。从企业层面上来讲，其应在遵守国家相关法律法规的前提下，积极建立和完善相应的财务会计内部控制制度和体系，保证财务会计内部控制的顺利进行。企业财务会计内部控制的建设程度还依赖于企业员工的自我内部控制意识，在这个环节中，企业的管理层起到的是引导作用。因此企业要加强这方面的培训，增强员工对财务会计内部控制的认识，营造有效、全面、健康的企业文化氛围，使员工自觉把诚信尽责和职业道德放在首位，并积极贯彻到日常工作中去。

在当前的社会大环境下，我国中小企业的管理者普遍学历不高，企业是自己一手经营创办的，没有在企业管理理论的指导下进行决策，往往判断不够准确，导致不必要的经营损失。管理层的内部控制意识至关重要，如果从管理层就没有做好，就会影响到企业内部控制实施的效率和效果。虽然企业员工的意识形态也很重要，但是作为企业的管理层是没办法逃避这种责任的。只有增强管理层的财务会计内部控制意识，提升管理层的素质，才能使企业财务会计内部控制得到有效运行。企业要加强企业文化建设，要经常组织员工进行培训学习，通过教育的方式让员工的内部控制意识不断增强。管理的职能就是要促使员工竭尽全力地为企业做出贡献。

（二）丰富企业环境建设

企业控制环境是指对建立、加强或削弱特定政策、秩序及其效率产生影响的各种因素，包括董事会、企业管理者的素质及管理哲学、企业文化、组织结构与权责分派体系、信息系统、人力资源政策及实务等。企业控制环境能够塑造企业文化，影响企业员工的控制意识，影响企业内部各成员实施控制的自觉性，决定着其他控制要素能否发挥作用。控制环境直接影响到企业内部控制的贯彻和执行以及企业经营目标及整体战略目标的实现。因此，我国企业不但要从形式上建立健全的董事会、监事会、总经理体系，而且要切实发挥以董事会为主体和核心的内部控制机制的作用。

首先，要加强董事会博弈规则的建设，发挥董事会的作用和潜能，使股东及其他利益集团的利益真正受到保护。其次，要建立我国的经理人才市场，形成一个比较成熟的，具有长远控制、约束、监督与激励经理人员的外部机制。再次，要加强管理阶层的管理哲学、管理风格、操守及价值观等软控制的培养与建设，塑造长期、全面、健康的企业文化氛围，使企业成员能够自觉地把办事效率和职业道德放在首位，并团结一致使其与企业的战略目标相吻合。最后，要强化企业组织结构建设，界定关键区域的权责分派，建立良好的信息沟通渠道，为有效的企业财务会计内部控制提供良好的环境条件。

（三）完善内部审计机制

企业应当根据自身的实际情况和财务会计内部控制的相关要求建立内部审计部门，完善内部审计机制，确定相应部门及相关人员的职责权限，确保内部审计部门及人员具备相应的独立性、良好的职业操守和专业的职业能力。企业的内部审计部门要定期或不定期地对企业的财务会计内部控制系统进行审计监督与评估，对主要风险的监督评审应当是企业日常活动中不可或缺的一部分。对于在内部审计时发现的财务会计内部控制中存在的缺陷和漏洞要及时上报给企业相关领导，并向存在财务会计内部控制缺陷和漏洞的部门下发整改通知书，要求其限期整改，确保财务会计内部控制体系有效运行。

内部审计既是企业内部控制的一部分，也是企业监督其他环节的主要力量，其作用不仅在于监督企业财务会计内部控制制度是否被执行，还应该帮助组织创建一些程序以期实现组织成功的软控制环境的营造，并成为内部控制过程设计的顾问。控制自我评估指企业不定期或定期地对自己的财务会计内部控制系统进行有效性及实施效率与效果的评估，以期能更好地达成财务会计内部控制的目标。财务会计内部控制自我评估可由管理部门和员工共同进行，以结构化的方式开展评估活动，密切关注业务过程和控制成效，目的是使人们了解缺陷的位置以及可能导致的后果，然后采取改进措施。

（四）加强信息流动沟通

企业信息系统不仅处理企业内部所产生的信息，同时也处理与外部事项、活动及环境有关的信息，企业的信息系统既是企业财务会计内部控制环境建设的一个重要方面，也是企业财务会计内部控制的一个因素。

良好的信息系统有助于提高企业财务会计内部控制的效率和效果，企业必须按某种形式及在某段时间内，辨别并取得适当的信息，并加以沟通，使员工顺利履行其职责。良好的信息系统能确保组织中的每个员工清楚地知道其承担的特定职责。每个员工都必须了解财务会计内部控制制度的相关规定，这些规定如何生效以及本人在财务会计内部控制制度中所扮演的角色、所担负的责任以及所负责的活动怎样与他人的工作发生关联等。员工需知道企业期望他们做出哪些行为，哪种行为被接受，哪种行为不被接受。员工还需知道在其执行职责时，一旦有了非预期的事项发生，除了要注意事项本身外，还应注意导致该事项发生的原因。良好的信息沟通系统不仅要有向下沟通的渠道，更重要的是应有向上的、横向的以及对外界的信息沟通的渠道。企业财务信息系统能提供成本、生产、运营、库存等信息，是企业信息系统中最为重要的组成部分，因此企业必须加强财务信息系统及其他方面的信息沟通体系建设。企业需要积极建立其内部信息沟通系统，也就是在进行财务管理的时候，可以实现信息之间的有效的沟通和传递，这就需要建立完善的信息处理系统，这样才能够实现财务信息在企业各部门之间的有效流转，进而实现企业的信息安全。例如，企业可以建立网上的信息查询系统，这样就能够及时地查询当前各项信息，防止出现信息的缺失和不对称。

同时，企业的管理层也需要积极宣传和引导，在整个企业中树立良好的风险控制意识，进而得到有效的财务会计内部控制效果，这样才能够在企业的发展过程中建立有效的控制。所以，信息的内部沟通是进行企业的财务会计内部控制建设的关键一步。

（五）健全内部控制制度

建立健全科学合理的企业财务会计内部控制制度离不开科学完善的理论体系。财务会计内部控制设计有三大原则：信息化原则、系统化原则、标准化原则。企业的管理过程就是信息的一种传递过程，要从制度上有效利用信息资源，保证部门间的信息沟通，并及时反馈，遵循系统化的原则进行财务会计内部控制设计，内部控制制度的主体可以是企业内部人员，也可以聘请外部专家来参与，企业人员的自行设计应该在企业管理部门的监督下进行。由企业人员自行设计的优点是其了解企业的实际情况，了解企业的发展背景，能够节约设计时间和成本。外界专家受过专门的训练，有专业的知识技能，经验也比较丰富，并且能从客观的角度上提出意见，最好的设计方式是两者结合，内部人员和外部专家共同协作，扬长避短，相辅相成。

财务会计内部控制的设计步骤是要从了解企业背景，对主要业务的调查入手，分析其中的问题，提出结论与建议，再拟定一个制度来实验，并确定最终的方案。了解企业的背景，可以从企业的历史概况、主要经营业务、组织状况、固定资产状况、财务状况、重要的契约与其他情况入手，对主要业务进行调查的内容可以从销售方式、结算方式、交货方式、有无委托代销的产品、销售有无正式的合同契约等方面入手，在调查分析之后，再提出可行性建议。

五、财务会计对于企业管理内部控制的发展趋势

（一）传统理论实现变革

传统内部控制理论的基本原则是，控制的目的是要使一切都在管理人员的掌握之中，所有的生产经营活动都有条不紊地进行，要实现每一人和每一物在恰当的时候处在恰当的位置上。在这一思想的指导下，设计财务会计内部控制制度的人员必须事先预计到各种可能性，规定每一个人在所有可能的情况下应当履行的职责、程序和手续，并据此制定制度。但在知识经济发展的今天，影响企业经营的环境不仅日益复杂，而且越来越不稳定，其变化不仅无法控制，而且难以预测。多样化的顾客需求和频繁变化的市场要求促使企业活动的内容与方式需及时调整。这些应对环境变化的适时调整是难以从历史经验中找到现成答案的。因此，未来的财务会计内部控制应着眼于增强企业的应变能力和学习能力，实行权变控制和分权控制。

（二）知识经济地位凸显

知识经济是以知识为基础的经济，是与农业经济、工业经济相对应的概念，工业化、信息化和知识化是现代化发展的三个阶段。教育和研究开发是知识经济的主要部门，高素质的人力资源是重要的资源。在知识经济时代，会计主体面临的经济环境更加复杂，对传统财务会计也提出严峻的挑战。在知识经济时代，会计主体面临着竞争日趋激烈、风险日益增大的经济环境。这具体表现在以下几个方面：商品价格、利率和汇率变动剧烈，反复无常；知识和技术的飞速发展，使产品和设备的更新加快，所占据的市场或边际利润可能会在顷刻间

被竞争对手抢走，产品寿命周期大大缩短；各种复杂的金融业务和金融创新工具大量涌现，使金融市场更加变幻莫测，波动频繁；而电子货币的广泛使用使资金流动轻型化、交易手段多样化，电子贸易更使买卖双方足不出户就可以顺利实现交易；一个企业可以瞬间成立，也可以瞬间解散，在这样的风险环境下，企业随时都有倒闭的可能。因此，传统财务会计的持续经营假设不适应知识经济对当前财务会计提出的要求。

（三）持续监控开始实施

只有当控制的程序步骤确定无疑时，对内部控制进行连续监控才是有意义的。员工的工作更多地表现为对知识的利用和创新，它存在于人的头脑之中，是一种抽象的思维过程，没有统一的外在内容和形式，不可能完全按照内部控制的程序进行活动，因此无法对其进行统一管理。同时，企业员工特别是高层管理者对工作环境有更高的要求，他们不喜欢受到束缚，倾向于更宽松和更有自主权的工作方式，因而不宜采取类似于工业经济时代对作业的每一步骤进行严密控制的方法，注重对工作绩效进行评价成为可行的控制方式。定期检查绩效评估的标准是否仍然有效，也就成为对财务会计内部控制进行监督的最好方式。

第二节　财务会计提升企业管理的效率

财务会计需要对企业的财务信息进行及时管理，并在为企业提供财务支持的同时，制定更加科学的财务规划，提高企业财务部门的工作效率，从而提高企业的管理效率，保证企业经营活动的顺利进行。

一、财务会计提升企业管理效率的途径

（一）合理分配并全面控制流动资金

资金是企业生存和发展的保障，企业的流动资金是企业生存和发展需要的血液，它的流动速率直接反映在企业生产、经营和销售各环节，直接决定着企业能否长久生存和健康发展。财务会计必须要全面控制流动资金，合理分配企业内部各部门流动资金数额，进而提高流动资金的使用效率和回款速度，彻底清查挪用公款、贪污受贿、中饱私囊等不良行为，切实保证企业经营活动的良好运行。财务会计人员必须建立流动资金审批流程，控制各部门工作人员随意

使用部门资金的问题。当需要调动大额流动资金时，要由该部门主管、财务会计人员、总经理三人同时签字并加盖公章才算生效，才能取走大额流动资金。平时财务部门给各部门拨款时必须由各部门出示项目明细并由部门主管的签字，以此来强化流动资金的管理控制工作，提高财务管理工作的实效性。财务会计人员要将流动资金中大部分可运作资金用于企业核心项目生产部门及研发部门，保证核心项目可以如期推进，进而提高企业在行业中的竞争优势。

（二）会计计量影响企业经济效益

财务会计核算工作要结合企业实际销售情况或运行方式，从而选择不同的核算方式，只有这样，企业的财务部门才可以准确地对不同部门或不同类型的账务进行核算。首先，财务会计要对基础性数据进行整合，然后为企业的战略决策提供完整的数据参考，使企业决策层可以集合数据资源，选择科学、合理并且符合企业发展的管理方式。合理的财务会计核算管理方式在企业运营等方面有着显著的特点，其目的是为不同类型的项目资源配置提供有效的信息支撑。所以，相关财务会计人员在核算企业账务时，还需要根据企业发展情况，合理地运用管理手段进行解决。其次，因为财务会计水平会在很大程度上影响企业信息化管理的工作效率，因此需要根据本阶段企业运行的主要特点，使用科学、有效的财务核算方法，这样才可以确保企业很好地实现其发展战略。

（三）增强企业筹集资金的能力

在企业的发展过程中，难免会遇到资金供应不足的状况。资金短缺会导致一些项目的搁浅，从而引发企业巨大的经济危机，严重的还会导致企业破产、员工失业。因此，企业应该在平时加强自身的资金筹集能力，提前做好保障，如此才可以提升企业自身在市场中的竞争力。让员工持股是一个不错的筹集资金的方法。结合一些企业在遇到经济危机时的情况来看，许多企业因为是私营集权制，没有躲过经济危机的袭击而走向破产灭亡，那些让员工持股分红的企业反而平稳地度过了危机。

员工持股会给员工一种感觉，即"我的劳动与所得是成正比的，我是在为自己工作，企业的效益提高了，我手里的原始股自然会更加值钱"。即使遇到危机，员工也不会因为企业效益差和拖欠工资而离开，他们会共同努力帮助企业度过危机。

二、财务会计提升企业管理效率的实践案例

财务共享服务中心的建设和运行，离不开信息化管理系统的支持。通过管理系统将共享中心运行相关的业务模式、岗位职责、业务流程、控制要素、单据报表、管理制度等量化并实现，实现企业管理目标，提高工作效率。共享服务中心是以资金支付为主线，涉及多个业务管理环节的管理系统。它将其他各个财务与业务系统的数据进行整合集成，在物理层面实现共享模式的同时，还实现了数据的共享，为管理效率的提升提供了有力的支撑。本书以上海奉贤发展（集团）有限公司建立财务共享服务中心的具体做法为例，为相关人员提供参考。

（一）上海奉贤发展（集团）有限公司简介

上海奉贤建设发展（集团）有限公司是上海市奉贤区内规模最大、施工资质最高、施工实力最强的综合性建筑施工型国有企业，是 2013 年度奉贤区纳税百强企业的第 12 名，主要经营公路市政、园林绿化施工与养护、房屋建筑施工、房地产开发等业务，拥有市政公用工程施工总承包一级资质、房屋建筑施工总承包一级资质、城市园林绿化施工专业承包一级资质、公路路面工程专业承包一级资质、房地产开发二级资质等相关资质。2015 年 5 月 14 日，该公司重组更名为"上海奉贤发展（集团）有限公司"（以下简称"集团"），区政府向集团注入更多优质资源，意图打造百亿规模的区属集团。集团按其战略意图成立深化改革小组，针对原来集团下属企业经营项目"小而全"的情况，根据集团发展需要进行了专业化整合工作。集团按市政建设、公路养护、建筑施工、园林绿化、地产开发等板块整合成了专业性较强的公司，避免内部恶性竞争，并以此增强其在行业内的实力。

（二）建立财务共享服务中心的动因

在整合集团下属企业的同时，财务部门如何转型也作为重要课题在集团内部进行了深入调研。原来整个集团下属的子、孙公司财务软件不一、会计科目不一、地域不一，导致财务信息共享困难。集团财务部门从 2012 年 7 月起率先实施金蝶 EAS 系统，借助互联网，搭建了集团统一的财务会计核算平台。集团总部可以实时查看任何一家子公司的账套，查询账务、报表等所有财务信息，而子公司的会计科目以及重要的辅助账信息均需由集团总部统一分配和设置，实现了所属公司统一核算，数据实时共享，初步达成了集团财务管控的目标。然而集团资金依旧分散在集团所属子公司，难以集中调度，资金使用效率较低。

下属企业根据自身经营情况自行融资，也存在较大的财务风险。

为此，结合经济全球化、科技革命以及管理变革的趋势，集团高层要求完成集团财务深化改革，目标是实现集团所属企业财务会计人员集中办公、集中管理，集团资金统一管理、统一调剂，充分发挥集团"资金池"的效能，有效降低资金使用成本。同时，推行财务总监委派制，积极参与各企业经营决策，严格把好财务关。

（三）建立财务共享服务中心取得的成效

通过财务共享服务中心的建立和运转，集团实现了全面财务转型，以共享为驱动，财务体系由交易型转变为充分服务于业务的决策支持型。2015年9月，集团总部成立了财务管理中心，全面负责集团的财务工作。

第三节　财务会计为企业管理的科学决策奠定基础

随着企业规模的不断壮大，企业的管理模式也随之发生变化。传统的经营管理模式已不能满足企业的发展需要，企业的管理模式逐步转向精细化管理。企业的各项经营决策越来越依赖于可靠的数据分析，管理层越来越重视财务分析工作，财务分析在企业经营管理过程中发挥的作用不可小觑。在我国企业中，尤其是中小企业，财务分析过于简单，无法充分地满足企业的需要，在财务分析中还存在诸多问题。本文对财务分析中可能存在的问题进行分析，并针对这些问题提出了相应的解决策略。

一、财务会计为企业经营决策提供有效参考

（一）通过财务分析调整企业资本结构

资本结构是企业融资管理的核心问题，它不仅能够影响企业的治理结构，还会影响投资者对企业的投资决策。企业资本结构是否合理，直接关系到企业的生存和发展。而影响企业资本结构的因素是多方面的，企业应该综合考虑各种因素对企业资本结构的影响。通过财务分析调整企业的资本结构尤为重要。财务会计人员通过了解本企业的基本情况以及该行业的基本情况，分析该企业的历史筹资情况、筹资手段、资本结构变化，评估企业资本结构是否合理，进而为企业调整成最佳资本结构提出合理建议。

（二）发现与对标企业的差距

企业要想在日益激烈的市场竞争中立于不败之地，不仅要不断发展壮大，增强自身的综合实力，还要了解对标企业的经营情况，及时发现自己与对标企业的差距，制定出有效的应对策略，因此企业要注重对竞争对手进行财务分析。通过对竞争对手的分析，了解其目标、战略、优势及劣势，进而判断对方可能会采取的竞争行动，以及对产品营销、市场定位、兼并收购等战略的反应，最后制定出符合本企业发展情况的竞争战略。

（三）通过数据指标的异常发现问题

财务会计人员可以根据管理层的需要分析多种指标，通过综合分析各种相关指标，帮助管理层及时掌握企业的经营情况。并且要将指标与企业历史数据进行比较，与行业平均水平进行比较，判断企业指标是否处于正常水平范围内。指标异常则需要进一步分析其中的原因，看其是否存在财务风险，通过调整相应指标、采取风险应对措施，保证企业朝着既定的目标和方向发展。

二、企业加强财务分析，增强经营决策有效性的具体措施

第一，树立正确的财务分析观念，明确财务分析对企业经营决策的重要性。从企业的决策层、管理层到基层人员都应该注重财务分析。企业要加强各部门与财务部门之间的业务与信息互动，使财务分析为各部门业务发展提供更好的依据与规划。同时，各业务部门也为财务部门提供真实、可靠的财务分析数据。在经济高速发展的今天，企业管理者也应着眼于未来，将信息化、网络化应用于企业财务分析，通过大数据的分析来为企业经营决策提供更好、更安全的保证。树立正确的财务分析意识需要企业领导者重视及长期的意识渗透，使其形成一种企业文化。

第二，建立科学的财务分析体系，制定相关规章制度。根据企业的自身特点、业务模式，建立科学、全面的财务分析体系。企业管理者、债权人及投资者都要高度关注企业财务分析活动，了解企业的发展及经营状况。一方面，企业应选择专业的财务分析人员，使企业财务分析系统化、日常化，使财务分析体系可以随时为财务报告需求者提供服务。另一方面，财务部门应根据企业的战略目标，结合财务战略来确定财务分析的本质和任务，来建立科学的财务分析体系。

第三，提高财务分析人员的素质。首先，企业应加强对财务分析人员的专

业培训，使财务分析人员及时地掌握国家政策变动对企业战略及财务状况的影响。同时，企业管理人员也应将企业重大决策及时与财务分析人员进行同步，听取财务分析人员的建议。其次，财务分析人员不能只利用财务报告中的数据进行分析，也要深入企业内部各个业务部门进行学习，了解企业的运作情况，通过结合具体的业务为决策者提供更真实、有效的分析数据。

第四，落实财务分析结论。应用财务分析指标是企业经营决策的一项有效管理工具，这不仅能在投资和融资决策中给企业管理者提供正确的财务决策，也能帮助管理者展望企业未来发展情况，因此要将财务分析结论落到实处。首先，企业管理者要转变传统管理理念，要注重将财务分析与具体业务相结合，运用科学、合理的财务分析进行企业决策。其次，企业应建立科学的财务分析框架，提高企业经营决策的准确性。定期分析框架中的比率变化，可以随时了解企业一定时期内的经营状况。最后，要适当扩展财务分析范围，实现财务分析的多角度化。财务信息化系统等现代化管理工具在财务上的应用，更加方便了相关人员对财务数据的收集及整理，为财务分析提供了更大的空间。

三、财务会计影响企业决策的案例

某汽车有限公司急需 3 亿元资金用于技术改造项目。为此，总经理赵某于 2020 年 2 月 10 日召开由生产副总经理张某、财务副总经理王某、销售副总经理李某、某信托投资公司金融专家周某、某研究中心经济学家吴教授、某大学财务学者郑教授组成的专家研讨会，讨论该公司的筹资问题。下面是他们的发言和有关资料。

总经理赵某首先发言，他说："公司技术改造项目经专家、学者的反复论证已被国务院于 2019 年正式批准。这个项目的投资额预计为 6 亿元，公司的生产能力为 4 万辆。项目改造完成后，公司的两个系列产品的各项性能可达到国际先进水平。现在项目正在积极实施中，但目前资金不足，准备在 2021 年 7 月筹措 3 亿元资金，请大家讨论如何筹措这笔资金。"

生产副总经理张某说："目前筹集的 3 亿元资金，主要是用于投资少、效益高的技术改造项目。这些项目在两年内均能完成建设并正式投产，到时将大大提高公司的生产能力和产品质量，估计这笔投资在投产后三年内可完全收回。所以应发行五年期的债券筹集资金。"

财务副总经理王某提出了不同意见。他说："目前公司全部资金总额为 10 亿元，其中自有资金为 4 亿元，借入资金为 6 亿元，自有资金比率为 40%，负债比率为 60%。这种负债比率在我国处于中等水平，与世界发达国家如美国、英国等相比，负债比率已经比较高了。如果再利用债券筹集 3 亿元资金，负债比率将达到 64%，显然负债比率过高，财务风险太大。所以，不能利用债券筹资，只能靠发行普通股股票或优先股股票筹集资金。"

但金融专家周某却说："目前我国金融市场还不完善，波动较大，况且受股市规模限制，在目前条件下要发行 1 亿元普通股股票十分困难。发行优先股还可以考虑，但根据目前的利率水平和市场状况，发行时年股息率不能低于16.5%，否则无法发行。如果发行债券，因要定期付息还本，投资者的风险较小，估计以 12% 的利息率便可顺利发行。"

公司销售副总经理李某说："产品的销售量没有问题，因为公司生产的轻型货车和旅行车，几年来销售情况一直很好，畅销全国各大省、市、自治区，市场上已在较长时间内供不应求。2019 年公司的销售状况仍创历史最高水平，居全国领先地位。在近几年全国汽车行业质量评比中，轻型客车连续夺魁，轻型货车两年获第一名，一年获第二名。"

财务副总经理王某补充说："公司属于国务院批准的高新技术企业，执行特殊政策，所得税税率为 15%，税后资金利润率为 15%，准备上马的这项技术改造项目，由于采用了先进设备，投产后预计税后资金利润率将达到 18% 左右。"所以，王超认为这一技术改造项目仍应付诸实施。

来自某大学的财务学者郑教授听了大家的发言后指出："以 16.5% 的股息率发行优先股不可行，因为发行优先股所花费的筹资费用较多，把筹资费用加上以后，预计利用优先股筹集资金的资金成本将达到 19%，这已超出公司税后资金利润率，所以不可行。但若发行债券，由于利息可在税前支付，实际成本大约为 9%。"

财务副总经理王某听了郑教授的分析后，也认为按 16.5% 的股息率发行优先股，的确会给公司造成沉重的财务负担。

第四节　财务会计控制企业管理成本

伴随经济发展而来的是激烈的竞争，企业要想巩固其市场地位，必须加强财务会计管理。企业管理者要意识到财务会计的重要性，以依据更完整、更可靠的财务信息，做出正确的决策，有效地降低成本。企业财务会计具有系统性、精细化的特征，企业可以将财务信息作为具体的业务考虑因素，制定出更加合理的经济活动方案，从而使企业在经营过程中有效地降低成本。

一、标准成本的应用方法

（一）提高成本应用效果

对于企业而言，其成本管理工作本身就不是某一个部门、某一个人能够单独完成的，必须要由多个部门与多个人的共同协调才能够完成。

而在多个部门所开展的成本管理工作中，应遵循集中与分散原则。集中主要是在企业管理人员的领导下，对于标准成本法在企业的应用给予充分重视，为标准成本法的应用创建良好的实施环境。同时由财务部门作为主要负责部门，进行统一的规划与管理，并制定相关的成本管理制度和成本标准，进而实现统一的管理、协调与核算。分散主要是企业的各个部门及基层组织大力开展成本管理工作，将标准成本内容进行细化与分解，并制定出规范化的操作标准，为标准成本的实施提供可操作的依据，并在此基础上不断进行标准成本法的优化管理。同时将其标准成本法所涉及的责任主体归属进行清晰明确的划分，使其具体落实到每个人身上，当成本超出可控范围时，保证企业能够在第一时间找到相关的负责人员。总而言之，在企业管理中，实施集中与分散的标准成本法管理原则，不仅能够激发企业各个部门的工作积极性，还有利于成本管理任务的完成和成本效益的提高。

（二）制定科学标准成本

企业在制定标准成本时，应该根据企业的实际情况，保证制定的标准成本既具有现实性又具有可操作性。标准成本指标过高或过低都容易带来不良的影响。如果过高，员工凭借自身努力也无法达到，那么这样的标准成本就是一纸空谈，既会打击员工的自信心，挫伤员工的工作积极性，还会让员工认为制定出这样标准成本的企业缺乏正确的发展理念。如果过低，员工不通过努力就可以达到，那么就不会对员工起到激励的作用，这样的标准成本也就毫无意义。企业在制定标准成本时，应该在考虑企业实际经营情况、正常生产能力和工作效率的条件下，制定员工通过自身不断的努力就能够实现的目标。同时，在企业制定标准成本之后，标准成本也不是一成不变的，而是要随时根据市场环境以及企业自身发展的变化，不断对其进行调整，使其能够满足企业的发展要求。

企业应该充分意识到企业的成本管理问题是一项系统性比较强的过程，它涉及管理、财务、生产等多个部门，只将其简单地认为是财务部门的工作是错误的。因此，在标准成本实施的过程中应该加强各个部门的参与度，让每一个部门的人员都了解标准成本的相关内容。比如，采购部门人员、设备管理部门人员等都应该了解其应如何有效控制成本。财务会计人员也应该加强与其他部门的沟通与交流，了解企业整体的生产过程，参与有关成本的决策，最大限度地控制不合理成本的发生。只有各个部门共同参与到企业标准成本管理当中来，才能够做好成本管理工作。

（三）构建成本管理制度

企业在构建作业标准管理制度的同时，还必须加强成本差异分析。这一项工作要求员工对生产经营过程中产生的成本差异进行深入的分析与研究，找出差异原因之后，采取有效的措施，实现成本控制。当前，我国大部分企业仍旧将成本控制目标作为下级应完成的任务，他们简单地认为只要不超出可控范围就可以了。在这样思想的指导下，企业员工在实施标准成本控制时具有很大的随意性，尤其是费用项目入账时更是一片混乱。某些员工对那些超出成本指标的成本会进行隐蔽的人为操作，进行不同成本之间的转移。如果遇到难以完成的成本费用指标，员工就会按照以往的习惯，在账本上不入账。这些问题严重影响了企业的成本控制工作。

二、京东集团——价值链成本管理优势

随着互联网在全球的深度普及，社交、娱乐、商业等人类传统社会经济活动正在向网络上迁移。网络购物越来越受到网民的欢迎，购物网站已成为消费者热衷的重要消费渠道。与此同时，计算机浪潮、互联网浪潮、"三网融合"浪潮不断发展，大数据、云计算、区块链、人工智能等新技术不断涌现，促进了新业态、新交易方式的创新与发展。线上与线下相互融合发展成为主流趋势，交易、物流（含供应链）、结算等一体化发展、全渠道发展、全业态发展成为常态，全国电子商务活动由成长期转向发展期，面临转型升级。如何在复杂的经济环境中求生存、谋发展，寻求适应的现代经济环境，满足企业成本管理的新模式成为电子商务企业要重点关注的问题。

通过对京东集团成本管理案例的分析和探讨，可更好地掌握成本管理方法以及理解成功的成本管理方法对企业发展的重要性。

（一）京东集团背景介绍

北京京东世纪贸易有限公司（以下简称"京东集团"）是中国最大的自营式电子商务企业。京东集团旗下设有京东商城、京东金融、拍拍网、京东智能及海外事业部，主要销售数码产品、家电、配件、生活用品、食品、书籍等

十三大类数万个品牌、数百万种产品。京东集团为消费者提供愉悦的在线购物体验。通过内容丰富、人性化的网站和移动客户端，京东集团以富有竞争力的价格，提供具有丰富品类及卓越品质的商品和服务，并且将产品以快速、可靠的方式送达消费者。另外，京东集团还为第三方卖家提供在线销售平台和物流等一系列增值服务。京东集团是一家技术驱动型企业，于1998年由创始人刘强东在北京中关村创立，以销售电子产品起家。

2004年京东集团放弃了门店扩张计划，转战电子商务领域，实行线上销售，2014年5月，京东集团成功在美国纳斯达克挂牌上市，并先后与沃尔玛、联想达成全面战略合作关系。时至今日，京东集团已成为中国首屈一指的综合性电子商务平台，因其创新的仓储物流模式，占领了电子商务市场的半壁江山，同时业务范围扩展至金融、通信等领域。2014年，京东集团被英国《金融时报》评为"全球十大互联网企业"之一。

（二）京东集团价值链成本管理模式的成功应用

打价格战是京东集团惯用的手段，与苏宁、国美、天猫等电子商务平台一次次的价格战，将京东集团推到了现今的地位上。但京东集团的成功其实源于成本管理和供应链管理。2012年，京东集团的创始人刘强东在中国人民大学首次披露了"倒金字塔"管理模式，该管理模式涉及管理的基础、供应链、关键的业绩指标、品牌。

2014年，在京东集团的招股说明书上，该模式得到进一步完善。

该管理模式一共分为五层，客户处于金字塔的顶端，放在了绝对重要的地位。京东集团建立了强大的专业团队，构成了企业的基础。它制定了全面的IT、物流和金融系统来管理产品、服务、信息和资金流。用数据驱动来管理员工的关键绩效指标，以减少成本，并最大限度地提高经营效率。因此，提供一个多品牌、有竞争力的价格以及全面的服务，通过创造令人信服的网上购物体验来提高客户忠诚度。在这一管理模式中，第二和第三层级是京东集团关注的核心，通过对系统层中的价值链的有效管理，紧紧抓住"提高价值链效率"和"降低价值链各个环节的成本"两条曲线，将成本管理嵌入价值链的各个环节，采取有针对性的措施对价值链节点加以完善，全方位地降低成本，实现企业战略目标。以下是京东集团近年来针对供应链成本管理采取的一些措施。

第一，加大对大数据及云计算等先进信息技术的投入。利用数据分析、数据挖掘、平台开放等手段，根据商品点击率来判断和分析客户的潜在消费需求，预计未来数天内每个产品在各地的销量，将客户可能购买的产品提前运到当地仓库。这种以预测销量为基础的库存管理模式，在保证正常经营活动的前提下，可以减少商品库存量，降低库存成本。

第二，对"货品摆放—订单拣货—货品分拣—订单开票—出库包装"实现精细化管理。在京东集团的仓库中，按照销量分区摆放商品，最畅销的商品放置于通道附近。此外，商品按拣货人员拣货汇总单顺序依次摆放，方便拣货人员取货。拣货人员将拣出的商品放在推车上以后，分拣人员按订单分拣，之后完成校验、开票、包装等一系列后续工作。在商品出库的每个环节，尽可能减少不必要的资源浪费，提高仓库人员的工作效率，降低企业成本。

第三，京东集团采用先进的网络营销模式，以互联网界面作为平台展示商品和服务。客户在网上浏览并且选购商品，然后生成订单，传达需求信息。依托互联网的营销模式，大大消除了传统销售模式的多个环节，加快了商品流通速度，同时降低了企业的经营成本。从厂家直接进货的方式，消除了租赁门店的成本，减少了批发环节、中间商环节，从而降低了企业自身的经营成本。租赁门店的成本约占销售收入的 10%、批发环节的成本约占销售收入的 20%、中间商环节的成本约占销售收入的 20%，进货成本降低，商品的价格也在降低。而且，互联网的营销模式更加简便易行、精准快捷。依托自己的网络平台投放广告，可以及时地将商品信息发布出来传达给客户。

第四，京东集团创建的京东社区和贴吧，为客户和企业之间提供了交流的平台，有利于企业搜集客户的信息，更好地为客户服务，实现精准营销。

第五，京东集团率先建设物流体系。2009 年，京东集团投入 2 000 万元在上海建立"圆迈快递"，并陆续在全国 23 个重点城市组建配送站，最终覆盖全国 200 座城市。2011 年，京东集团在客户相对集中的城市建立了 7 个一级物流中心、25 个二级物流中心，其中上海物流中心每日处理订单 2.5 万单，最高达到 5 万单。位于上海嘉定区的"亚洲一号"物流中心，总面积达到 26 万平方米。通过自建物流体系，京东集团能够为客户提供高效的服务，并利用规范、统一的服装、工具、品牌宣传等方式将品牌宣传工作融合到物流服务中，很好地完成了营销工作，在客户中树立了品牌形象。

第六，自建支付系统。京东集团在成立初期，是通过与支付宝和财付通的合作进行网上付款功能的。但是，2011 年其终止了与支付宝的合作，2012 年终止了与财付通的合作。之后，京东集团通过收购网银在线，打造了自己的支付系统。建立支付系统使京东集团将交易量资金流向、退换货率等这些重要信息掌握在自己手里。此外，自建支付系统能够全方位地控制资金的回收，加速资金的周转，避免因融资贷款而增加资金成本。至此，京东集团实现了对产品、服务、信息以及资金流的全面控制。

第五章　企业管理对财务会计的促进作用

在现阶段，我国企业的现代化水平越来越高，在一定程度上也促进了企业财务会计工作的发展。但是，就目前我国企业财务会计工作的基本现状来看，在实际的工作过程中还存在着较多的问题。为此，我国企业应该加强财务会计工作建设，立足于企业财务会计工作的现状，制定相关的优化措施，才能促进企业的长久发展。本章主要内容包括企业管理促进财务会计人员素质水平的提高、企业管理完善财务会计管理制度、企业管理提高财务会计信息化水平等。

第一节　企业管理促进财务会计人员素质水平的提高

随着知识经济的到来和创新型国家建设工作的开展，财务会计工作在企业经营管理中的作用越来越大，尤其是当企业将发展的指导思想确立为企业管理以财务管理为中心之后，财务会计工作在企业的日常经营管理中占据的重要地位更加凸显。企业财务会计人员的工作是否达到了标准化和规范化的要求，财务信息反馈的市场信息是否具备真实性、准确性和完整性，这对企业的经营管理和决策起着至关重要的作用，因此通过提高财务管理工作水平来带动企业各项工作的进行是现代企业发展的客观要求。财务管理工作水平取决于企业财务会计队伍的整体素质，因此只有提高财务人员的素质才能适应当前企业的发展形势。

一、企业组建高素质财务会计人员队伍

（一）确定人力资源的需求量

人力资源需求量是对企业的产品或服务需求状况的一种反映。基于对总销售额的估计，企业经营者可以为达到这一经营规模而配备相应数量和结构的人

力资源。在某些情况下，这种关系也可能相反，当一些特殊的技能为人员所必不可少而人才又供应紧张时，现有的符合要求的人力资源状况就会决定企业的经营规模。例如，税务咨询公司就可能出现这种情况，其扩大经营的限制因素可能就是该咨询公司聘用和配备的具有满足特定客户要求所必备资格的工作人员。不过在大多数情况下，企业以自身总目标和基于此进行的经营规模预测作为主要依据，来确定企业的财务会计人员需求状况。

（二）招聘

招聘是指确定并吸引有能力的申请者来填补企业职位空缺的活动过程。在此阶段有两种工具可使用，即职务描述和职务规范。它们是作为工作分析的结果而提出的。工作分析是为从事特定工作的人员确定其职务特点和要求。通过将企业中的各项工作分解成若干因素，并对工作的性质、内容、任务等，以及担任该项工作的人员应具备的学识、经验、体能等予以分析研究。根据工作分析，人力资源部门在此基础上发展出职务描述和职务规范。

职务描述是规定一项工作的目标、范围、责任、技能、工作条件及该工作和其他工作关系的一种书面文件。职务规范则是指具备哪些条件的人才能担任这一工作（职务），它是对一特定工作所要求的资格的书面描述。

招聘者可以到大学、商学院、交易会、专业大会或人才市场中去物色合适的人选，也可通过在报纸、专业杂志上刊登广告进行公开招聘。要使外部招聘得以有效实施，招聘者必须对企业空缺职位的绩效要求和规范描述清楚，否则将会增加许多不必要的工作量。

外部人选来源还有一个特殊途径，即由企业内部成员推荐。外部招聘的最大优点是人选来源广泛，有选择余地，甚至有可能找到一流的财务会计人才。但其也有局限性：一是费用高；二是要确定某一职务的最佳人选不太容易。

（三）选拔

招聘的最终目的是选拔合格的人选，以帮助企业实现目标。然而要从许多候选人中挑选出合格的甚至最佳的人选却非易事。

这里常需借助于一些方法与技巧，以确定谁最适合空缺的职位。

1. 填写求职申请表

求职者通常先填写求职申请表，向招聘者介绍自己的具体情况。一般表格中需包括教育程度、工作经验等信息。不同的企业或同一企业中不同的职位，其表格的设计是不尽相同的。但填表也有其局限性：第一，求职者有可能提供虚假或误导的信息；第二，在制表时应符合法律与法规的要求。对于表格评价的重点应放在求职者所具备的条件是否与职位要求相当上。表格中的有关内容不能有歧视之嫌，否则是违法的。

2. 面试

在选拔人员的过程中，面试也是常用的基本手段之一。通过面对面的交谈，使招聘者和求职者有更为深入的交流。通过面试手段，招聘者不仅能从求职者方面得到更多的信息，而且可向求职者提供本企业的信息，为本企业做宣传。所以面试不仅是一种技巧，而且是招聘者必须学会的一门艺术。

面试的方式是多种多样的，通常是由招聘者与求职者单独交谈，其优点是求职者不至于过分紧张。也有的是集体面试，其办法是企业派出一至数名代表参加求职者的集体碰头会，通常由一批求职者自行或相互交谈，或由企业代表轮流发问，然后比较各人的表现，给出得分。有时在招聘财务会计人员时，招聘者还会故意提出一些具有压力性的问题，以便观察求职者有何反应。

面试也有其局限性：一是带有一定的主观性；二是精明的求职者往往会突出其最佳形象的一面，并掩盖其缺点；三是话题受法律、法规的限制。

3. 考试

考试通常检测以下四方面的内容。

智力：主要衡量求职者的思维反应速度和记忆力。

专业技能：主要测试求职者相关的技术技能，如财务会计基础知识掌握情况、计算能力等。

职业兴趣：检测求职者的职业爱好与兴趣。

个性：指求职者的领导潜能和有关素质。

对于各种形式的考试，其有效性通常备受质疑。特别是所谓的智商测验（IQ），甚至会受到指控，被认为有歧视嫌疑。考试是否可靠有效，通常有两项检验指标：一是信度，如果测试问题被一再重复，被测试者的结果也相同，说明该试题具有可靠性；二是效度，如果得高分的人将来表现出高绩效，得低分的人表现出低绩效，即检验结果与工作表现密切相关，则说明试卷是有效的。所以考试基本准则应具有客观性、一致性、可信性、有效性。首先，考试应是客观的，如果几位评分人的打分结果相近，则说明评分是较客观的；其次，考试应是标准化的，对于同一职务的应试人均应用相同的标准；再次，考试应是负责的，其结论应是确定的，某人如经多次相同的考试，其得分不应有太大的差异；最后，考试必须是有效的，并且与工作相关，即得分最高者在将来工作时应是最佳的员工。

4. 核实资料

许多企业对求职者的履历和背景资料通常还有一个审查过程。目的是更全面地了解求职者的情况。通过侧面核实有关求职者的信息，可澄清某人是否确实具备自己所说的学历和工作经验，通常从求职者的前雇主处了解的该求职者的经验和表现往往比较有参考价值。此项调查一般由人力资源部门和财务部门的专业人士负责去做。

5. 体检

检查身体也是选拔人才的必要步骤之一。应预先筛选患有传染病的或体能上不适合工作的人员。在体检上如有失误，则也可能给企业带来隐患。

（四）培训

对于新上岗的员工，首先得进行安置与培训，让他们了解和逐步熟悉新的工作环境。如开个迎新会，介绍一下本企业的情况等。这一过程被称作"定向"或"定位"。其程序通常分两个步骤：一是由企业代表介绍企业概况，通过和新员工交谈、解释有关部门的工作规章和所从事的业务；二是实地参观新工作环境。定向的目的是使新员工对自己的企业和工作产生一个良好的印象，纠正过去的一些偏见，并使新成员获得更多有关将来所担负工作的信息。

入职培训的主要内容有：一是企业的性质；二是企业的目标；三是企业提供的基本产品和服务；四是企业的组织结构；五是企业的有关政策程序和规章；六是企业的工资与福利；七是企业的发展机会；八是特定部门的职责。

员工在上岗前和上岗后，通常还需接受一般的或特定的培训。新员工固然需要培训，如聘用的是有经验的员工，则只需把培训重点放在特定部门的程序上。对于老员工来说，由于很多工作经常在变换内容，因此也需要不断地学习新的技术、积累新的经验，同时需要外在的压力让员工调整他们对待工作质量、技术、同事和客户的态度。管理人员则更要不断地提高自身素质，从而使整个企业能更有效地达成目标。

培训的途径主要分为两大类：一类为在职培训，对于那些工作在第一线的员工，大量的培训都是在其工作岗位上进行的，通常由基层管理者或有经验的员工进行指导；另一类为职外培训（包括脱产培训）。脱产培训通常是为较大的课题而准备的，如学习计算机及相关软件的操作与运用等。

二、企业管理促进财务会计人员素质水平提高的基本途径

（一）强化财务会计基础工作

1.提高企业财务会计人员法律素养

在企业招收的财务会计人员中，会有一些法律意识淡薄的人员，招收这样的人员可能会对企业产生不利的影响。在人员法律意识方面，企业一定要引起足够的重视，这样对于企业的未来将会有明确的导向作用。另外，企业不应该直接否定那些法律意识不足的员工。企业可以通过定期普及法律知识，让员工更好地意识到自己所负责工作的重要性。

让员工对自己的工作岗位有一个良好的认识，定期的法律知识普及也能够让员工对自己的行为有一个更明确的认识，让员工正确处理每一个问题，使其在做出决定前了解到后果。另外，这样的做法会促使员工形成正确的财务观念，更加坚定自己的信念。

2.按时对企业财务会计人员进行培训

很多的财务会计人员在刚工作时工作能力不足，而且对自己所要完成的工作部分没有明确的认识。一般企业在招收财务会计人员之后要对这些员工进行培训，一是为了让员工对自己工作的范围有一个清楚的认识，二是为了提高员工的工作能力，让员工更好地适应工作要求。同样，这也是为了提高员工的实践能力。为了保证企业财务会计工作更好地进行下去，新的员工为企业注入了新的活力，让企业更有动力地持续运行。对于新员工，企业要多给予其锻炼的机会，这样才能够让新员工得到成长，从而推动企业的发展。

3.建立并完善监督管理制度

企业要建立并完善监督管理制度，保证财务会计工作的规范性，进而充分发挥财务会计的作用。为此，企业应做好以下几方面的工作：第一，企业要建立并完善财务会计制度，借鉴国内外企业的成功案例，然后再结合本企业的实际情况，增强财务会计制度的有效性；第二，企业要建立并落实监督管理制度，加强对其内部财务会计工作的监督，对企业的资金管理和资源应用进行严格控制，保证企业的生产运营遵循相关的规章制度，进而降低企业的财务风险；第三，企业要建立并完善权责制度，实现责任到人，利用财务会计人员之间的相互监督，实现相互促进；第四，企业要加强对财务会计人员的培训和考核，采取定期或不定期的考核方法，对财务会计人员的工作效果和工作能力进行检查，对于财务会计人员相对薄弱的地方要进行培训，保证企业财务会计制度得到有效

落实；第五，企业要善于利用信息技术，不断提高财务会计工作的信息化水平，并通过现代化的手段对企业的财务会计工作进行监督，提高企业财务信息的准确性。

4.改进企业的财务会计核算方法

企业财务会计工作的水平和企业的财务会计核算方法息息相关，因此，企业还应该不断改进财务会计核算方法。这具体可以从以下几个方面入手：第一，结合企业自身经营的实际情况，调整财务会计核算科目，在财务会计核算的过程中，将不重要和用不到的科目去掉，提高企业财务会计核算科目的清晰度；第二，不断改进财务会计核算方式，结合权责发生制，提高企业财务数据的真实性和准确性，从而为企业的财务预算工作和资产评估工作提供完善的数据支持；第三，加强企业的资产和负债的核算工作，完善财务会计核算流程，将企业每一个项目的流程都在财务会计核算中加以体现。另外，企业还需要定期进行固定资产的核算和清查工作，明确企业的资产折旧。

（二）规范会计档案管理

1.会计档案管理的工作内容

会计档案是具有原始记录信息、知识和价值的国家档案的重要组成部分。但是由于记录对象的内容不同以及所反映的商业性质不同，它具有自己的独特特征。

会计记录管理的内容一般分为四个部分——会计凭证、会计账簿、财务报表和其他会计核算资料。

①会计凭证。它是记录经济活动并指定经济责任的书面文件。

②会计账簿。分类账是在经济和商业方面财务会计核算的全面、连续和系统的记录，以特定格式组织，并基于会计凭证相互关联。它包括总分类账、各种明细分类账、现金日记账、银行存款日记账和用于创建账户的辅助记录记事簿。

③财务报表。财务报表反映了企业财务会计和运营的结果。它主要包括关键财务指标、年度财务报表的呈报报告，还包括月度和季度财务报表。

④其他会计核算资料。其他会计核算资料属于经济业务类别，与会计和会计监督密切相关，财务部门负责有关材料，如经济合同、财务数据统计、财务库存数据、批准的资本分期付款数据、库存管理、会计凭证销毁等。其他会计核算资料由信息化的设备存储在磁介质上。程序文件和其他会计核算资料一起作为会计凭证进行管理。

2. 会计档案管理的重要作用

会计档案是总结经验，承担责任事故，打击经济犯罪，分析和判断事故原因的重要基础。

会计档案所提供的过去经济活动的历史数据，有助于企业预测其经济前景，制定业务决策，准备财务计划和成本计划。

会计档案记录可以为解决纠纷和处理其余财务会计事项提供基础。在经济研究活动中，会计档案记录的历史数据价值也起着重要作用。财务报表和分类账的固定资产内容也是会计档案记录管理的内容。银行存款中的对账单和相关文件也是会计档案记录管理的主要内容。

3. 规范会计档案管理，提高财务会计管理水平

（1）增进对会计档案管理的正确理解

通过增进对会计档案管理重要性的理解，企业可以确保会计档案管理工作的高效开展，并更好地利用其优势和功能。所以，对于会计档案管理，财务会计要展开全面的指导和宣传工作。企业要积极组织相应的培训和学习活动，使企业内部工作人员明确会计档案管理的重要性。科学的会计档案管理系统，为进一步提高企业的财务会计管理水平奠定了基础。

（2）制定并完善会计档案管理规章制度

要做好会计档案管理工作，企业有必要结合实际，建立和完善一套以《会计档案管理办法》和《会计电算化工作规范》为基础的有关制度。一是建立会计档案备案制度，明确会计档案的涵盖范围、保管时间、备案流程、分类方式、备案要求等；二是建立健全的档案存储、安全保密制度，采用先进的、科学的方法进行档案存储，了解财务会计职责，保证档案的安全性、完整性。

各企业应定期组织会计档案管理检查，对于有着良好工作表现的人员给予奖励，激励财务会计人员充分发挥其主动性和创造性。对于出现错误的人员应予以批评，责令其及时纠正，并在必要时受到惩罚。对于房屋销售、土地使用、财产分割、固定资产使用、经济积累案例以及与部门有关的退休材料，应采取单独的档案管理方式进行存储，方便长期搜索和查询。

（3）规范会计档案的归档

会计档案管理的标准化要求可以分为以下三点。

第一，必须将会计档案装订、胶合、密封，并将会计档案的封面用封条密封。应一一填写封面上的相关内容。装订后，应按月将其放置在会计档案盒中，并应逐项仔细填写档案盒中的内容。

第二，综合档案室。财务部门应当按照综合档案室的要求执行有关程序，并将会计档案移交给综合档案室保管。对于尚未建立综合档案室的企业，财务部门必须适当保存会计档案，并由专人负责保管，配备专用柜子和防盗、防火、防霉、防蛀装置。

第三，各企业会计档案的保存期限必须严格遵守《会计档案管理办法》的规定。当会计档案的保存期限届满并需要销毁时，由该企业的会计档案管理部门签发销毁报告。由财务部门和相关业务部门一起对将要销毁的档案进行评估。经过严格审查后，编制记账文件粉碎列表，通知相关领导批准，经业务负责人审核后，该业务实体将被销毁，会计档案也将被销毁。原始的索偿凭证和未清偿债务凭证应分别发行、单独归档，并由会计档案保管部门保存，直到信贷和债务清算为止。

综上所述，通过增进对会计档案管理重要性的认识，可以确保工作的有效进行，并更好地实现其收益和功能。在日常工作中，企业应积极组织相应的培训和学习活动，结合会计档案管理的重要性对员工进行教育，使相关工作人员明确该项工作的重要性。

第二节　企业管理完善财务会计管理制度

企业的平稳健康运行，需要完善的企业财务会计管理制度。财务会计管理是企业管理的重要环节之一，财务会计管理存在问题，容易导致收支失控，核算混乱。企业要重视完善内部财务会计管理制度，创新工作形式，明确工作职责和标准，加强企业财务会计管理，最终提升企业管理水平。

一、企业财务会计管理制度的制定原则

（一）适应性原则

企业内部财务会计管理制度要遵循适应性的原则，制度要与企业其他管理制度相衔接，不能脱离企业的基本情况。制度要充分体现企业实际，不能生搬硬套其他企业的经验或者书本上的内容。企业内部财务会计管理制度必须与其内部管理要求相符合，不能脱离企业的实际情况。

（二）规范性原则

企业内部财务会计管理制度要遵循会计学科的基本要求，要符合并体现会

计学科的基本原理和方法，遵循规范性原则。企业财务会计管理制度的内容需要全面、规范，使各项工作稳定运行。

（三）合法性原则

在财务会计工作中依法办事十分重要，企业财务会计管理制度不能超出会计法规所允许的范围和界限，要遵循合法性原则。虽然会计法规赋予企业一定的会计核算方法的自主权，但财务会计工作的首要准则是合法性。

二、企业财务会计管理制度现存的问题

（一）我国现代企业组织内部的财务会计控制制度依然有待健全

现阶段，我国市场经济制度依然处在快速、稳定、有序的发展完善进程之中，基本的市场机制依然有待完善，客观上导致我国企业组织内部现有的财务会计控制制度也依然处于持续性的发展完善进程之中。在这一历史发展阶段背景之下，我国很多现代企业组织的内部财务会计控制制度处在逐步建立和完善的实践进程之中，同时也有一些现代企业组织，尚未形成充分满足和契合企业实际经营发展运作状态的内部财务会计控制制度体系。受长期存在的传统计划经济制度的影响，我国依然有一定数量比例的企业组织还在沿袭传统的经营发展模式，未能建构和运用现代化的企业经营活动组织实施模式和管理工作模式，未能建构和运用符合现代企业经济发展特点的财务会计控制制度。

（二）企业财务会计制度的约束性不强

企业的财务会计制度是依据《中华人民共和国会计法》《企业会计制度》等文件的相关规定制定的。因此，企业的财务会计制度受到一定的法律约束，但在实际工作中，企业会计制度的法律效力并未得到充分体现。首先，我国部分企业的财务会计人员与企业法人通常具有比较紧密的个人关系，因此在财务会计实务中，财务会计人员通常会选择更有利于企业的统计视角，从而使财务会计工作的公正性受到影响。其次，我国的监管体系并未与企业财务部门建立有效的对接，部分企业的财务部门甚至将监管部门视为博弈对象，以致企业的财务会计制度形同虚设。

（三）企业财务会计制度的合理性不强

我国部分企业的财务会计制度并不合理。首先，受传统观念的影响，我国不同类型的企业通常采用类似的财务会计制度，这一问题使企业的资源难以得

到合理配置。企业的财务会计制度是体现企业财物流动和资产变化的统计方式，不合理的财务会计制度将使财务会计人员在不重要的环节耗费大量的人力成本。其次，我国部分企业的财务会计制度存在职权不清的问题。财务会计工作的责任较重，明确责任人可帮助企业建立追偿机制，如果责任不明确，将使企业面临财务风险。

（四）企业财务会计制度难以适应发展需要

我国部分企业的财务会计制度难以与社会发展情况相适应。首先，部分企业的财务会计制度无法体现出企业的发展需求。在当前的商业环境中，财务会计领域呈现出新的发展趋势。例如，以劳动力为核心价值的企业会将人力资源会计引入财务工作中，跨国企业会将汇率会计引入自身的财务管理体系中，但这些新模式尚未在我国得到推广。其次，近年来，我国的技术发展与居民期待都发生了重大的转变，但传统的会计统计方式仍然将财物对应作为主要的统计逻辑，这一问题使我国企业的财务会计制度难以满足社会发展的需求。

三、企业财务会计管理制度不足的完善对策

（一）对财务会计制度体系进行完善

根据《中华人民共和国会计法》的规定，任何单位和个人都不得以任何方式授意、指使、强令会计机构和会计人员伪造、变造会计凭证、账簿以及其他会计资料，提供虚假财务报告。但在实际操作过程中，财务会计人员工作的独立性往往难以得到保障，因此偷税漏税的情况才会屡禁不绝，独立性决定了财务报告的可靠性以及财务会计工作的科学性。因此在推动财务会计制度改革的过程中，在基于现代企业自主经营权的同时，也要从最大程度上保障企业财务会计工作的独立性，使其在外不受政府以及其他行政机构的干涉，在内不受企业管理者的干涉，有效落实财务会计工作准则。而要想实现这一点，就需要建立完善的财务会计制度体系，一方面根据市场经济环境的变动情况对财务会计法律法规以及财务会计工作基本准则进行调整和优化，另一方面则要搭建与之相适应的监督机制，明确企业财务会计核算工作的基本义务以及具体要求。

（二）增强企业财务会计制度的约束力

我国企业财务会计制度的约束力普遍不强，以至于财务会计工作的公正性难以得到保证。针对这一问题，我国审计部门应当将信息化技术与企业的财务会计工作相对接，从而使企业的财务会计制度得到有效的落实。在具体的实践

中，首先，我国企业要明确自身的社会责任，并将社会监管和政府监管引入财务会计管理工作中。其次，企业应当依据内部的财务会计制度建立电子管理平台，及时将企业的终端信息汇聚到平台的中枢界面中。同时，政府审计部门可利用信息平台的开放性，对企业的财务数据进行监管。通过信息技术的参与，企业的财务会计制度将更加具有约束性。

（三）提升企业财务会计制度的合理性

我国部分企业的财务会计制度不够合理，降低了企业的财务管理效率。针对这一问题，我国企业应当以市场需求为导向，并结合企业的核心竞争力，建立新型的企业财务会计制度。首先，企业应当深入挖掘自身的特色，并以此为中心制定财务分配原则。通过这一方式，企业财务工作的有效性得到提升。其次，企业可依据自身的核心关系，选择合理的财务会计政策。在财务会计实务中，财务会计人员通常可选择不同的视角，因此财务会计工作存在一定的主观性。通过合理选择财务会计政策，财务会计工作的主观方向将得到引导。因此，依据财务会计政策建立企业财务会计制度，有助于提升该制度的合理性。

（四）在企业财务会计制度中融入先进理念

我国当下的企业财务会计制度难以适应社会发展的需要。因此主管部门应针对新时期的发展方向以及社会期待，制定更为合理的财务会计指导意见。首先，近年来我国已经将技术创新作为促进经济发展的主要路径。因此主管部门应当规范企业知识产权的统计工作。同时，针对知识产权的评估，主管部门应当更加明确对应的公允价值，从而使企业将知识产权纳入财务会计制度中。其次，随着当下环保需求的增长，我国应当将绿色成本纳入财务会计统计中。绿色成本是较为新型的理念。该理念认为，企业在生产经营的过程中会对环境造成一定的破坏。因此，企业应当对这一损失承担相应的责任。这一责任可被理解为企业的绿色成本。主管部门可在新发布的财务会计指导意见中，要求企业以货币为计量单位，统计其所产生的绿色成本。

（五）组织财务会计人员参加新财务会计制度的讨论与培训

很多以往的企业财务会计人员一旦熟悉了自己岗位的工作职责、工作内容后，往往就很少再学习新的财务会计知识。在新企业财务会计制度改革的大背景下，财务会计人员只有不断学习，才能适应新时代下的新要求。企业应要求财务会计人员树立终身学习的理念，积极参加企业组织的财务会计专业教育培训，从而不断地提升自身的会计理论与实践水平。一些国家为推进权责发生制改革，制订了长期培训计划，并分阶段考核企业的财务会计工作人员。我国也可学习此类先例，规定岗前培训、技能强化训练、阶段业务水平测试等流程，提升企业财务会计人员素质。除了提升现有财务会计人员的水平以外，我国企业还可以以优厚待遇聘请高素质的财务会计人员，从而将更多先进、高效的财务会计核算管理方式引入本企业的财务体系，从而提升企业的运转效率。

（六）建立完善的内部审计制度

面对当下激烈的市场竞争环境，企业为谋求健康发展，除了要对自身的财务部门进行完善以外，还应当根据其实际情况建立财务监督部门。现代企业的发展不仅需要财务会计、出纳等专业的工作人员，还需要专业的监督与审计人员，针对财务部门开展监督等工作，以最大限度地规避财务工作中的风险。企业内部审计应当严格掌握企业现金、支票以及银行存款等资金情况，并在此基础上加强对于贷款以及应收账款账目的管理。只有如此，企业才能够充分保障审计部门的效能，并将自身的智能作用充分地发挥出来，为企业的健康、长远发展提供保障。

（七）制定规范的财务会计核算制度

对于内部财务会计核算的标准，企业应当参照自身的实际情况制定有利于其业务发展的财务会计制度。与此同时，在制定财务会计制度的过程中，企业应当充分参照国家当前的法律法规，确立相对健全的会计科目，其中总账与明细账的核算详情、编制收录、核算方式、核算内容以及核算范围是科目关注的主要内容。企业应当以国家政策以及财务制度为基础，促使企业在资金流动问题上管理更加科学化，为企业流动资金的核算与管理提供充分的保障。企业还应当建立完善的财务会计工作汇报制度，要求相关工作人员按照实际工作内容编写财务工作汇报表，促使企业管理者对企业的实际运行状况进行科学的考量，并以此为根据做出决策。在财务会计工作人员开展工作的过程中，应当及时汇报自身的工作内容，并且准确地填写各种表格，以保证财务工作的规范性。

四、企业管理完善财务会计管理制度的实践案例

上海市政工程设计研究总院（集团）有限公司（以下简称"总院"）是我国市政设计行业的龙头企业，勘察设计收入前十强，2003年由事业单位改制为企业，2004年划归上海市国资委管辖，2010年与上海建工集团联合重组为集团公司，2012年7月资产注入上市公司。在发展变革的过程中，总院持续推进

财务体系改革，不断适应企业变革，取得了较好的效果。

2012 年以来，财政部积极促进会计体系改革，鼓励发展管理会计，提高经济效益，为经济转型升级服务，为勘察设计企业财务管理转型提供了极佳的契机。在市场经济环境中，创造价值是企业生存的根本，建立价值型财务管理模式是勘察设计企业财务转型的必然趋势。

勘察设计企业财务管理的传统模式存在不少弊端，而勘察设计企业的集团化发展在客观上又要求财务管理模式实现转型发展。总院结合行业特点，提出了财务管理新模式，在实践中取得了一定成效。

第一，业务与财务一体化，打通企业内部信息孤岛，显著提升工作效率。企业资源计划（ERP）系统的实施提高了财务管理效率。总院通过对业务与财务进行一体化改造，减少了财务部门与其他各部门核对数据的时间，节省了大量人力；利用系统对账务处理标准化进行强化和控制，改变了以往依靠人工的局面，减少了数据转换与核对环节，加快了信息处理速度，增强了财务信息的时效性；将财务会计人员从一些机械化的人工重复劳动中解放出来，使他们可以将更多的精力投入真正能够创造价值的财务管理活动中去。

第二，统一集中管理资金，提升规模化效益，使企业实时、准确地掌握资金信息。有了 ERP 系统的支持，各单位资金相关信息均可以实现实时查询，解决了以往资金与银行信息不透明、不准确、不集中的问题；加强内部控制机制，强化财务监督职能，通过对银行账户、资金使用权的收回，使财务部门对资金的监督重点前移，改变了先斩后奏的被动管理局面；资金集中的直接效益明显，将以往分散在各单位账户中的零星资金集中在了一起，聚沙成塔，获得了极大的规模效应。

资金集中管理体系充当了集团内部资金需求的稳定器。集团内部的资金需求不再需要通过寻找外部资金来解决，降低了企业对外部融资的依赖，减少了财务成本。银行成为资金中介，为各单位提供存贷款服务，利用资金充裕单位的闲置资金，解决资金短缺单位的燃眉之急，将闲置资金投入生产活动中去，加速资金周转，提高资金使用效率。

第三，全面预算管理体系初步建立，形成了良性闭环管理。总院初步建立的全面预算管理体系，形成了事前有预测、事中有控制、事后有反馈的良性管理循环。通过明确各部门在预算体系中的责任，将一切经济业务纳入预算管理中来，围绕设计行业的特点，推行以销售预算为起点，以成本预算为抓手，突出资金预算，着力落实利润预算的模式；把预算指标落实到各级责任部门，为预算指标分配的灵活性提供了便利，确保预算指标责任明确，考核清晰；预算管理又为财务管理职能提升提供有力抓手，充分发挥了财务部门对其他业务部门的反映与控制职能；通过对 ERP 系统中预算管理功能的合理运用，集成财务管理与其他业务管理，形成符合预算管理要求的数据格式，实时进行预算控制与分析，减少了财务会计人员为完成预算工作进行的取数、审核、对比、分析、评价等各个环节的工作量，提高了预算编制、控制、分析的效率和质量，降低了财务成本。

上海市政工程设计研究总院（集团）有限公司的财务管理模式经验总结如下。

第一，财务会计人员职能的转变。财务会计人员的职能从原来的计量、记录转变为决策支持，财务会计人员提供的信息必须是结合业务活动的深入分析和建议，必须具有增量价值。财务部门需要重新思考其定位和职责。

第二，财务会计人员的转型。未来核算型财务会计人员将大幅减少，必然是"系统代替人工"，而管理会计人才将非常紧缺，因此企业需要提前培养和储备管理会计人才。同时，由于"系统替代人工"，对财务会计核算技能的要求大幅度降低，因此有必要对现有从事基础财务会计核算工作的人员进行分流。

第三，信息新技术的应用。这是一个技术飞速发展的时代，新技术的出现可大幅度地提高企业管理效率。企业应密切关注"互联网＋"、大数据、云计算等对财务理念、管理方式形成的影响。

第四，表外资产。勘察设计企业的财务管理一定要跳出既定的框架，去关注企业运行过程中真正有价值的资产，只有维护好无法纳入当前财务会计核算框架的表外资产，才能更好地使财务管理创造价值。

第三节　企业管理提高财务会计信息化水平

现代信息技术的广泛应用，为企业各项经营管理活动提供了很多的帮助，加快了企业各项工作运行的速度，企业管理质量与传统工作模式相比有了较大的提高。信息化融入企业财务会计管理当中是时代发展的必然趋势，提高财务会计管理信息化水平是促进财务会计管理发展的重要举措。在新的历史时期，提高企业财务会计管理信息化水平，能够使企业决策更及时、准确，促使企业在市场竞争中做出合理的调整和判断，增强企业的市场竞争力。

一、企业信息化

信息化的时代给人们的现代生活提供了很多便利，影响着人们的学习和工作，在一定程度上作用于人们的生活方式。例如，晨起锻炼时的手机闹钟，工作时间用的打卡机，可以实现随时支付的地铁卡，生活中应用的信息技术产品非常多。学生在上学的时候，可以通过信息化多媒体教学和互联网教学的手段，增强学习效果。在企业信息化管理的过程中，技术的发展为人们的工作提供了很多发展空间和助力，在企业进行财务会计管理时，信息化技术的应用显得尤为重要。

企业信息化分为几层含义。首先，数据信息化。企业将信息进行存档，形成原始库存信息，对所有的采购凭证实行数据化的管理，将其录入计算机中，以数字化的形式进行保存，在进行查阅的时候，可以随时进行调取，这种信息化的流程将通过软件的形式进行记录，使流程所涉及的部门工作更加有序和规范。这样一来，减少了人为管理的流程，让客户合理的要求得到满足。其次，决策信息化。企业通过对原始数据进行加工，将其物流、现金流等汇集成为一定的模式，用于企业的决策，将相应的管理信息进行总结并据此制定企业整体规划，对企业的良性发展起着重要的作用。财务会计管理对于企业的发展有着举足轻重的作用，企业资金流转和管理以及整个经济活动，都需要财务会计管理，企业资金的活动方向都是由财务会计进行分配的，从生产销售到经营管理每一笔重要的输出资金或者回笼资金都与财务会计管理有着密切的关系。

二、财务会计信息化的价值

（一）提升财务会计工作效率

财务会计工作是企业经济管理中不可缺少的一项重要工作，企业在确定自己的财务会计工作组织形式时，既要考虑能正确、及时地反映企业的经济活动情况，又要注意简化核算手续，提高工作效率。企业财务会计工作效率对于企业的运行来说极为重要。实现会计电算化后，只要将记账凭证输入计算机，大量的数据计算、分类、存储、传输等工作都可由计算机自动完成，从而可以把财务会计人员从繁杂的手工记账、算账、报账中解脱出来。计算机的计算速度快、准确度高，因此大大提高了财务会计的工作效率，同时也可为企业管理提供全面、及时、准确的财务信息。另外，在查阅信息时，财务会计还可以归类、打印查询结果。会计电算化的这些突出优势将财务会计人员从传统烦琐的记账、算账、报账程序中解放出来，提供的财务信息更加准确可靠，提高了财务会计工作效率。

对于会计凭证的正确性，传统财务会计主要从摘要内容、单价、金额、会计科目等项目来审核；对账户的正确性一般从日记账、明细账、总账三套账的相互核对来验证。此外财务会计还通过账证相符、账账相符、账实相符等内部控制方式来保证数据的正确性。通过种种程序，企业财务会计为企业提供一些实用的、全面的辅助信息，进而在企业进行经营管理决策时起到有益作用，最终可以有效提高企业的社会效益和经济效益，促进企业的长久、健康发展。

但通过分析目前企业内部的财务会计工作，我们发现其中还有很多不足。会计电算化的产生与发展，很好地解决了这些问题。对于账册核对，会计电算化已由计算机代替传统会计中的人工核对；会计电算化中更多的是利用电算化系统建立各种辅助账来反映和控制经济活动。一般规定，对于账簿记录的错误，凡是已经审核过的数据不得更改。如果出现错误，则采用输入更正凭证的方法加以更正，以便留下更改的痕迹。

（二）转变财务会计工作职能

从核算原则角度上看，传统财务会计的首要原则是实际成本，即企业应把每一项资产的价格记为当时获取资产的价格，尽管物价会有变动，但会计准则不允许对其进行调整。实际成本原则不仅是传统财务会计的首要原则，还是其他会计原则的基础，有利于维护财务信息的真实性和有效性。但随着信息时代的发展，财务会计工作将面临很多难题，如无形资产的增加。因为无形资产在市场中价格非常不稳定，所以传统的实际成本无法持续记录信息。传统财务会计的重要原则之一是权责发生制原则，它是会计权责发生变动的时间，此时核算企业损益情况。但该项信息无法体现出现金流量的信息，随着电子商务的发展，权责发生制已经无法满足企业的需求。大多数企业的财务会计在工作职能的分工上并不是十分合理，要么是财务部门和其他部门的工作职能会出现重叠，要么就是两者之间存在遗漏。有一些财务会计的工作，各个部门都在做，浪费了人力和物力，还有一些财务会计的工作，没有一个部门在负责。这样就会影响财务会计的正常运作，并且影响整个企业的运营和发展。

从数据处理角度上看，会计电算化不再使用传统的信息搜集方法，不需要原始凭证、审核记账凭证等，更不需要员工手动记录信息，而是直接选用语音或键盘的方式录入信息，自动生成记账凭证。此外还可以利用远程等方式搜集信息、输入数据，提高办事效率。会计电算化不再使用传统的数据处理方式，不需要聘用专门的员工来处理数据，不用担心由于信息量大发生纰漏等问题，更不需要对账单进行定期核算。会计电算化都可以利用计算机处理这些事情，且可以大大提高数据的准确度。会计电算化不再选用人工审核的方式，而是利用计算机处理，这可以大大提高处理准确率，不再受财务会计人员自身素质的影响。

（三）规范财务会计工作过程

财务会计工作的规范化是企业生产经营成果的重要保障，只有规范的财务会计工作才能保证企业真实经济业务的记录。财务会计根据《企业会计制度》和《企业会计准则》的规定，出具符合企业实际情况的财务报表，给企业管理层提供准确的财务数据。因此，在财务会计工作中规范化地对财务原始数据进行账务处理是很有必要的，不容忽视。目前，我国的财务会计制度与国际会计惯例逐渐接轨，但在财务会计工作中仍然存在着许多弊端，财务会计基础工作还存在一些薄弱环节，这些弊端影响了财务会计工作秩序和财务会计职能作用的有效发挥，也在一定程度上干扰了社会经济秩序，对各企业的经营管理活动产生了消极影响。

财务会计基础工作在规范方面主要存在着以下的问题。首先，对于原始凭证的填写与制作的规范力度不够，所涉及内容不够完整。较为普遍存在的问题包括外单位所获取的原始凭证上缺少填制单位的公章证明，发票接收单位、数量、单价、金额、填制单位、填制日期、凭证附件等基本要素填写不全。其次，财务会计核算资料的规范性力度不够。在部分企业中，往往把进料发票当作货物入库的单据，从而省略了填写入库单这一环节，在物品出库的时候省略了出库单这一环节，只是简单地记录相应的数量和价格等信息。如此一来，会造成材料核算工作过程混乱，不够规范，所得到的核算效果也就不理想。最后，会计科目设置不全或者科目使用不正确，对新出台的会计法规及新的核算要求不进行学习，用过去的模式进行财务会计处理，科目使用随意，前后不一致，导致数据缺乏可比性，过分依赖计算机，对计算机生成的账务及报表不进行核对和数据分析。

计算机的应用对财务数据有一定的规范化要求，从而在很大程度上解决了手工操作不规范、易出错等一系列问题，使财务会计工作标准化、制度化、规范化，使财务会计工作的质量得到进一步保证。

（四）强化企业管理职能

随着现代经济的发展，企业之间的竞争日趋激烈，在企业划分部门和工作岗位，并为每个工作岗位寻找能力和技能相匹配人员的过程中，传统的企业管理模式已不适应形势发展的需要。企业工作岗位涉及部门多，涉及人员也较为广泛，企业管理职能的重要性日益凸显，要想让企业经营管理活动的作用获得充分发挥，就要保证企业工作岗位组织设计的全面性，充分发挥企业管理的职能作用，这样，才能促进企业的持续健康发展。如何在新形势下发挥企业管理职能是当前企业管理研究关注的焦点，涉及部门的划分标准、权利的使用等内容。

企业在进行会计电算化工作时，一定要有可行的程序和准确的评估，企业可先实现账务处理、报表编制、应收应付账款核算、工资核算等工作的电算化，然后再进一步实现财务分析和财务管理工作的电算化。在技术上，企业最初可先采用计算机单机运行，然后再逐步地实现网络技术化。当然，会计电算化有利也有弊，也会给企业管理带来一定的不利影响。目前，在我国实行会计电算化的企业中普遍存在着重视报账功能却忽视管理功能的现象。因此，我国企业要实施会计电算化，就一定要建立一系列与之相配套的财务会计内部控制制度，这样才能充分发挥会计电算化对加强企业财务会计管理的作用。企业为了自身的发展还需要加强对会计电算化人员的培训教育。在我国，专业的财务会计人员既要掌握一定的会计专业知识，又要掌握相关的计算机信息技术知识。企业为了自身的发展，必须引导财务会计人员自觉加强对会计专业知识以及计算机信息技术知识的学习，只有财务会计人员掌握了相关的技术知识，才会更有利于企业的发展，有利于企业的管理创新，从而促进社会的发展进步。

三、财务会计信息化的管理策略

第一，加强知识技能培训。理论知识是指概括性强、抽象度高的知识体系。理论知识不是分散的、零星的知识，不是个别的、具体的知识，而是系统的、有普通意义的知识。

理论知识中往往包含了一般知识和专业知识。培训是一种有组织的知识传递、技能传递、标准传递、信息传递、信念传递、管理传递的行为。目前，国内培训以技能传授为主，在时间上则侧重于员工上岗前，也有部分是在岗时。会计电算化的人才缺乏，是制约会计电算化发展的关键因素。要提高财务会计人员计算机业务素质，必须加大人才培训的力度，提高财务会计人员的综合素质。在培训内容上，要切合工作实际的需要，及时更新培训内容，完善财务会计人员会计电算化结构体系。对于财务会计人员、系统维护人员、系统管理人员应按不同内容、不同要求进行培训。培养财务会计电算化骨干力量，建立良好的培训机制，落实培训效果，造就一大批既精通计算机信息技术，又专于财务会计管理知识，能够熟练地进行财务信息的加工和分析，满足各方对财务信息需求的综合型人才，为促进会计电算化的顺利发展打下良好的基础。

在实际的会计电算化培训中，由于受时间、场地和财务会计人员素质所限，培训内容往往注重财务软件的操作流程和操作方法，对会计电算化信息系统的基本理论不做讲解，忽略了对计算机基础知识和应用知识的介绍，从而造成财务会计人员对会计电算化信息系统认识模糊，不能了解系统的全貌，自然更谈不上对软件功能的全面深入应用。有的财务会计人员仅能操作财务软件，对其他应用软件一无所知，不能充分发挥计算机在提高财务会计工作效率和信息质量方面的作用。

第二，监督管理制度完善。会计电算化的发展使财务会计人员的工作任务得以减轻，从烦琐的核算与报账转化为电子化的工作，但是在会计电算化实施的过程中，很多部门却只是注重报账，而忽略了会计电算化的管理作用。制定严格的机构和人员岗位管理制度、系统操作的各项制度和采取相应的控制措施，健全会计档案管理制度，对各类操作人员必须制定岗位责任制，重点工作岗位必须实现职权分离，有效地限制和及时发现违法行为，杜绝舞弊现象发生。严格编制系统操作的各项制度和相应的控制措施。对于系统操作环境，必须制定一套完整而严格的操作规定。操作规定应明确职责、操作程序和注意事项，形成一整套电算化系统文件，以及具有可操作性的管理规范。同时建立健全档案管理制度，这些档案主要是指各种账簿、报表、凭证和其他会计资料等。在系统开发时就要对这些资料分别进行存档和安全保管，做好保密工作。档案管理一般通过制定与实施严格的档案管理制度来实现。虽然财务会计的发展已经取得了一定的成就，从过去的核算型逐步迈向管理型，但是，所采用的模式与管理的发展需求并不相符，因此要充分利用会计电算化的优势，使管理能够进一步发展，一定要将其融入信息管理体系，提升会计电算化的职能作用，使管理方面的模块能够有所增加。

第三，提升会计软件质量。为了保证财务信息的准确性、保密性等，建立一套完善的操作环境和软件系统是非常必要的，其不仅能保证财务会计人员独立行使自己的权限，同时也达到了财务会计内部监督的目的。在进行财务软件系统开发前，相关人员需进行市场调研，然后以相关法律准则为指导，分析研究各应用软件板块的兼容性、统一性，使各种业务之间能够相互衔接，最大化地满足用户需求。在开发完成后，相关人员还要对系统进行调试，试运行一段时间后再完全交由企业使用。随着信息时代已经到来，互联网已成为人们获取信息的重要途径，信息化的普及程度和信息技术的应用水平已经成为衡量经济发展成果和企业综合竞争力的重要指标。软件的使用大大地提高了信息化的普及程度。当前财务软件已开始从核算型过渡到管理型，充分发挥了会计电算化的优势，为企业管理服务。企业必须注重管理功能模块和管理信息系统，增强其财务软件功能。从财务会计的数据层面分析和总结，管理的主要模块包括财务指标分析和评价。企业要建立金融指标分析系统，可以根据计划和实际情况展开对比分析，揭示其变化趋势。计算机可以根据最近的全面预算管理分析数据、销售预算管理分析数据、生产成本预算数据，最后生成预算报告，提供给管理层。软件在功能完善的基础之上，安全性也要有一定的提升。财务数据是关系到企业机密的重要数据，在一定程度上来说也是关系到企业生存与发展的关键数据，因此财务数据的保密性就显得尤为重要。但是，当前的很多软件都是针对适应财务制度和改善财务会计功能等方面进行研究，很少进行数据保密的研究。因此，加强财务会计制度层面的安全工作是企业的首要任务。

第四，完善会计档案制度。财务会计工作是经济管理的一部分，是一项细致、严密的工作。任何一个企业每天都要发生频繁的经济活动和财务收支，财务会计以货币为计量单位，真实、连续地记录和反映从凭证到账簿再到报表这些经济活动发生的过程。

会计电算化档案是这一过程的再现，它为经济管理提供数据资料，综合反映正在发生或已完成的各项经济活动，以便了解并考核经济活动的过程和结果，为事后考查某个会计事项作书面证明，提供原始数据。企业要增强会计电算化档案管理意识，完善硬件设施建设，科学界定会计电算化档案资料的范围，建立健全的会计电算化档案管理制度，编制会计电算化档案管理专用软件，加强会计档案工作队伍的建设，这些是完善会计电算化档案管理的有效措施。针对会计电算化档案必须借助于特定的环境才能再现的特点，在对其进行管理时必须注意组织力量编写一套会计电算化档案管理软件，以便对往年资料进行管理，同时利用会计电算化档案处理方便、快捷、直观，对管理和决策支持性强的特点，利用保存完好的各个时期的数据，进行财务分析和预测，为企业的经营管理和发展服务。

四、财务会计信息化的发展方向

（一）行业规范提升

我国会计电算化技术越来越成熟，企业引入会计电算化的门槛也大大降低。与此同时，我国也在完善对于这一领域的规范，出台会计电算化领域的行业标准，真正实现行业标准化，使我国的会计电算化真正得到普及。首先，因为行业标准化后无论是财务数据格式还是系统接口都得到了统一，企业间的财务数据共享也不再有隔阂，会计电算化的优势得以体现，引入这一技术将是大势所趋。其次，由于会计电算化技术的成熟，小型企业只需要套用大企业的成功系统即可，省去了开发系统的成本，也避免了开发风险。国内企业标准化的会计电算化系统也更便于与国外会计电算化系统互通，实现我国会计电算化的国际化。

（二）审查功能完善

未来，会计电算化系统会加强内部的审查功能，系统将在目前的基础上引入审查模块，对于每一次数据的变动进行记录备案，杜绝财务会计人员擅自篡改财务数据。而由于在会计电算化模式下数据量过于庞大，因此未来的审计人员也需要开发一款专业的审计软件来进行会计电算化的审计工作。除此之外，会计电算化系统还需要加强自身的安全性能，设立防火墙，防止黑客攻击及计算机病毒破坏系统，同时还需要提高信息提取难度，防止财务会计人员轻易获取数据，导致数据的泄露。随着网络技术的不断发展，在会计电算化领域还可以引入云存储科技，这样不仅进一步提升了数据的安全性，也可以存储更多的数据，提高数据查询及提取的效率。

（三）决策效果明显

不同于目前我国财务会计工作只注重财务领域的现状，未来财务会计将在企业日常运行中承担更多的职责，尤其是在决策中的作用。因此，未来在会计电算化系统中还会集成更多样的功能。例如，对于企业生产运行状态信息的获取与监控、对于市场走向的分析与预测以及对于企业决策的辅助预测等。这样一来，利用会计电算化系统可以实现对于企业管理的优化，而会计电算化系统也会逐渐转变为对于企业进行整体管理的系统，进而实现企业全信息的电算化。

第六章　大数据时代企业的发展策略

大数据是在社会科技不断进步的基础上发展而来的，我国大数据技术的发展相对于发达国家来说起步较晚，但经过长期研究，发展至今在社会方方面面已经被广泛应用，尤其是在互联网和电子商务行业的发展过程中，大数据技术更为普及。在大数据发展背景下，企业为了顺应时代的变化，必须要加强对大数据平台的建设，在企业管理中渗透大数据技术和思维，以此来稳固自身的发展地位。本章主要内容包括大数据的定义及特征、大数据背景下企业管理面临的机遇与挑战、大数据在企业管理中的作用、大数据时代企业人才的培养、大数据时代企业的财务管理等。

第一节　大数据的定义及特征

人类社会伴随着科技的发展而进步，数据不断增多。工业革命以来，人类更加注重对于数据的研究，并积累了大量的结构化数据，计算机和网络的兴起使高效处理大量的传统结构化数据成为可能。近年来，随着互联网技术的快速发展，音频、文字、图片、视频等半结构化、非结构化数据大量涌现，数据规模、数据种类正在以极快的速度增加。大数据时代已悄然到来。

一、大数据的定义

（一）大数据的研究背景

"大数据"这个概念是由最先经历信息爆炸的学科，如天文学和基因学提出来的。如今这个概念已经应用到了几乎所有的领域中。大数据并非一个确切的概念。最初，这个概念是指需要处理的信息量过大，已经超出了一般计算机在处理数据时所能使用的内存量，因此一些工程师必须改进处理数据的工具。

"大数据"这个术语最早用来表达批量处理或分析网络搜索索引而产生的大量数据集。之后，大数据不仅包含数据的体量，而且强调数据的处理速度。

在数据分析领域，大数据是前沿技术。大数据以及数据仓库、数据分析、数据安全、数据挖掘是时下最火爆的词汇。大数据的商业价值已经成为信息行业争相追逐的焦点。大数据包括各种互联网信息，更包括各种交通工具、生产设备、工业器材上的传感器，随时随地进行测量，不间断地传递着的海量数据信息。新的处理模式使大数据具有更强的决策力和洞察力，能够优化数据处理流程，实现高速增长，能处理海量的多样化的信息资产。归根结底，大数据技术可以快速处理不同种类的数据，从中获得有价值的信息，并对其进行快速处理。只有快速才能发挥大数据的实际作用。

随着网络、传感器和服务器等硬件设施的全面发展，大数据技术促使众多企业结合自身需求，创造出难以想象的经济效益，实现了巨大的社会价值和商业价值。各行各业利用大数据产生较大的增值和效益，表现出前所未有的社会能力，而绝不只是数据本身。所以，大数据可以定义为在合理时间内采集和处理的大规模资料，帮助使用者有效决策的社会过程。

在今天，大数据被认为是一种人们在大规模数据的基础上可以做到的事情。大数据是人们获得新认知、创造新价值的源泉，大数据还为改变各种关系服务。

（二）大数据的本质

观察人类历史可以发现，对信息的认知史就是人类的认知进步史与实践发展史。人类历史上经历过四次信息革命。第一次是创造语言。语言表明人类要求表达自我、认识世界并开始作用于世界。通过语言产生思维，将事物的信息抽象表达为声音这个即时载体，但语言的限制和缺点是其无法突破个体的时空。第二次是创造文字以及随之而来的造纸与印刷的技术，实现了人类远距离和跨时空的思想传递。文字虽然突破了时间和空间上的限制，但需要耗费较高的交流成本和传播成本。第三次是发明电信通信，即电报、广播、电视等，实现了文字、声音和图像信息的远距离即时传递，为电子计算机与互联网的创造奠定了基础。第四次是电子计算机与互联网的创造，是一次空前的伟大进步。现代通信技术和电子计算机的有效结合，使信息的传递速度和处理速度得到了巨大的提高。人类掌握信息、利用信息的能力达到了空前的程度，人类社会进入了信息社会。从一定意义上来说，人类文明史是一部信息技术发展的历史。

1.信息

1928 年，哈特莱（Hartley）在《信息传输》一文中对信息的定义是，有新内容和新知识的消息。信息的奠基人香农（Shannon）认为信息是消除随机不确定性，是肯定性的确认和确定性的增加。他提出信息量的概念和信息熵的计算方法，从而奠定了信息论的基础。美国数学家诺伯特·维纳（Norbert Wiener）在《控制论：或关于在动物和机器中控制和通信的科学》中指出，信息是适应控制外部世界的过程中，同外部世界交换的内容，信息就是信息，既非物质，也非能量。从本体论层次上看，信息可定义为事物的存在方式和运动状态的表现形式。事物泛指存在于人类社会、思维活动和自然界中一切可能的对象，存在方式指事物的内部结构和外部联系。运动状态指事物在时空变化中的特征和规律。从认识论层次上看，信息是主体所感知或表述的事物存在的方式和运动状态。主体所感知的是外部世界向主体输入的信息，主体所表述的是主体向外部世界输出的信息。

2. 数据

数据是指能够客观反映事实的数字和资料，可定义为用意义的实体表达事物的存在形式，是表达知识的字符集合。性质可分为表示事物属性的定性数据和反映事物数量特征的定量数据。按表现形式可分为数字数据和模拟数据。模拟数据又可以分为符号数据、文字数据、图形数据和图像数据等。

数据在计算机领域是指可以输入电子计算机的一切字母、数字、符号，具有一定的意义，能够被程序处理，是信息系统的组成要素。数据可以被记录或被传输，并通过外围设备在物理介质上被计算机所接受，经过处理而得到结果。计算机系统的每个操作都要处理数据，通过转换、检索、归并、计算、制表和模拟等操作，经过解释并赋予一定的意义之后便成为信息，可以得到人们需要的结果。分析数据中所包含的主要特征，就是对数据进行分类、采集、录入、储存、统计检验、统计分析等一系列活动，接收并解读数据才能获取信息。

3. 数据与信息

数据是信息的载体，信息是有背景的数据，而知识是经过人类的归纳和整理最终呈现规律的信息。但进入信息时代之后，"数据"二字的内涵开始扩大，不仅指代"有根据的数字"，还统指一切保存在计算机中的信息，包括文本、图片、视频等。

简单地说，信息是经过加工的数据，或者说，信息是数据处理的结果。信息与数据是不可分离的，数据是信息的表现形式，信息是数据的内涵。数据本身并没有意义，数据只有对实体行为产生影响时才成为信息。信息可以离开信息系统而独立存在，也可以离开信息系统的各个组成部分和阶段而独立存在，而数据的格式往往与计算机系统有关，并随承载它的物理设备的形式而改变。大数据可以被看作依靠信息技术支持的信息群。

（三）大数据技术

大数据技术包括大数据工程、大数据科学和大数据应用。大数据工程指通过规划建设大数据并进行运营管理的整个系统；大数据科学指在大数据网络的快速发展和运营过程中寻找规律，验证大数据与社会活动之间的复杂关系。大数据技术可有效地处理大量数据，包括大规模并行处理数据库、分布式文件系统、数据挖掘电网、云计算平台、分布式数据库、互联网和可扩展的存储系统。当前用于大数据分析的工具主要有开源与商用两个生态圈。大量非结构化数据通过关系型数据库处理分析需要大量的时间和金钱，因为大型数据集分析需要大量计算机持续高效工作。大数据分析常和云计算联系在一起，与传统的数据仓库相比，大数据分析的数据量大、查询分析复杂。

大数据处理和存储技术源于军事需求，第二次世界大战期间英国研发了能处理大规模数据的机器，第二次世界大战后美国致力于数字化处理搜集到的大量情报信息。计算机和互联网技术导致大数据处理出现困难，"9·11"事件后美国政府在大数据挖掘领域组建了大数据库，用于识别可疑人员，筛选通信、教育、犯罪、医疗、金融和旅行等记录，之后组建成基于网络的信息共享系统。大规模数据分析技术源于社交网络，大数据应用使人们的思维不再局限于数据处理机器，重点是新用途和新见解。对大规模信息的处理需求从根本上推动了大数据相关技术的发展，超级计算机的发明、大数据的存储和处理技术以及大数据分析算法的研发，最终使大数据在教育、金融、医疗等多方面领域获得广泛应用。

（四）大数据的分类

1.依据来源不同分类

大数据依据来源不同一般分为四类：科研数据、互联网数据、感知数据和企业数据。

第一，科研数据。科研数据在大数据时代以前就存在，可能来自生物工程、天文望远镜或粒子对撞机，不一而足。这些数据存在于封闭系统中，使用者都是传统意义上做高性能计算的企业，很多大数据技术脱胎于高性能计算科研数据，存在于具有极快计算速度且性能优越的机器的研究机构，包括生物工程研究以及粒子对撞机或天文望远镜，如欧洲核子研究中心装备的大型强子对撞机，在其满负荷的工作状态下每秒就可以产生 PB 级的数据。

第二，互联网数据。互联网大数据是时代的主流，尤其社交媒体是近年来大数据的主要来源，几乎所有的大数据技术都源于快速发展的国际互联网企业。比如，以搜索引擎著称的百度公司与谷歌公司（Google）的数据规模都已经达到上千 PB 的规模级别，而应用广泛、影响巨大的 Facebook、亚马逊（Amazon）、雅虎（Yahoo）、阿里巴巴等公司的数据都突破上百 PB。互联网数据增长的驱动力，一是梅特卡夫定律，二是扎克伯格（Zuckerberg）反复引用的信息分享理论。信息分享理论就是指一个人分享的信息每一到两年翻番。大型互联网企业的大数据生态系统比较独特，一方面不同程度地参与开源方便维护自给自足的生态系统，另一方面甚至连硬件都越来越依靠自己了。大型互联网企业不只自身产生大体量数据，它还有平台级的带动作用，如阿里巴巴集团牵头开发的数据交换平台。中型互联网企业基本上也能够维持大数据技术团队，只不过与大型互联网企业的核心开发能力和社区贡献能力相比，它们更多在外围开发、优化和运维。三线互联网企业有数据但没有大数据能力，这催生了一些利用大数据技术提供服务的机会。

第三，感知数据。进入移动互联网时代后，移动平台的感知功能和基于位置的服务的普及，基于位置的服务和移动平台的感知功能相互联系，感知数据逐渐与互联网数据越来越重叠，但感知数据的体量同样惊人，并且总量或许可能不亚于社交媒体。重庆曾计划做一个"平安城市"项目，规划了 50 万个摄像头，数据存储需求要达到上百 PB 级别，不亚于世界级的互联网企业。

第四，企业数据。企业数据种类繁杂，企业数据和感知数据在本质上也并不是不重复、不遗漏的划分。企业同样可以通过物联网收集大量的感知数据，增长极其迅速。之所以把它们分为两类，是因为传统上认为企业数据是人产生的，感知数据是物、传感器、标识等机器产生的。企业外部数据日益吸纳社交媒体数据，内部数据不仅有结构化数据，更多是越来越多的非结构化数据。由早期电子邮件和文档文本等扩展到社交媒体与感知数据，包括多种多样的音频、视频、图片、模拟信号等。

本书把企业数据和感知数据放在一起介绍，是因为它们都涉及传统产业，从经济总量上看要比互联网产业大很多，而且传统产业自身的大数据能力有限，所以这是大数据技术和服务企业的主要目标市场。但目前的现实是，就单个企业而言，具有大数据需求的并不多见。通过数据采集和分析来提升制造业的效率，会是个很大的市场，这是工业物联网，但未必是大数据。

互联网上的大数据不容易分类，百度把数据分为用户搜索产生的需求数据以及通过公共网络获取的数据；阿里巴巴则根据数据的商业价值将数据分为交易数据、社交数据、信用数据和移动数据；腾讯善于挖掘用户关系数据，并且在此基础上生成社交数据。通过数据分析人们的许多想法和行为，从中可以发现政治治理、文化活动、社会行为、商业发展、身体健康等各个领域的各种信息，进而可以对未来进行预测。

2.依据使用主体分类

从社会宏观角度上来说，大数据的使用主体可分为三类：政府的大数据、企业的大数据、个人的大数据。

第一，政府的大数据。各级政府、各个机构拥有海量的原始数据，构成社会发展与运行的基础，包括形形色色的环保、气象、电力等生活数据，道路交通、自来水、住房等公共数据，安全、海关、旅游等管理数据，教育、医疗、信用及金融等服务数据。在具体的政府单一部门里面无数数据固化而没有产生任何价值。如果将这些数据关联并使之流动起来，进行综合分析和有效管理，这些数据将产生巨大的社会价值和经济效益。现代城市依托智能网络走向智慧，无论是智能电网与智慧医疗，还是智能交通和智慧环保，都离不开大数据的支持，大数据是智慧城市的核心资本。建设智慧城市，大数据可以在方方面面提供各种决策与智力支持。政府作为国家的管理者，应该将数据逐步开放，供更多有能力的机构组织或个人来分析并加以利用，以造福人类。

第二，企业的大数据。企业的有效决策离不开数据支持。企业只有通过数据分析才能实现快速发展、增加利润、维护客户、传递价值、扩大规模、提高影响、撬动杠杆、带来差异、服务买家、提升质量、节省成本、增强吸引力、打败对手、开拓市场。企业需要依靠大数据的帮助才能对快速膨胀的消费者群体提供差异化的产品或服务，实现精准营销。网络企业更应该依靠大数据实现服务升级与方向转型，而传统企业面临无处不在的互联网压力，同样必须谋求变革，实现融合，不断前进。随着信息技术的发展，数据成为企业的核心资产和基本要素。数据成为产业进而成长为供应链模式，慢慢连接为贯通的数据供应链。在互联网时代，互相自由连通的外部数据的重要性逐渐超过单一的内部数据，企业个体的内部数据更是难以和整个互联网数据相提并论。综合提供数据、推动数据应用、整合数据加工的新型企业具有明显的竞争优势。大数据时代产生影响巨大的互联网企业，以及传统企业随着网络社会的到来开始进入互联网领域，需要云计算与大数据技术完善产品、提升平台、实现升级。这两类企业互相借鉴、相互合作、彼此竞争。

第三，个人的大数据。每个人都能通过互联网建立属于自己的信息中心，积累、记录、采集、储存个人的一切大数据信息。根据相关法律规定，经过本人亲自授权，所有个人相关信息将转化为有价值的数据，被第三方采集并快速处理，获得个性化的数据服务。各种可穿戴设备，包括植入的各种芯片都可以通过感知技术获得包括但不限于体温、心率、视力等各类身体数据，以及个人的社会关系、地理位置、购物活动等各类社会数据。个人可以选择将身体数据授权提供给医疗服务机构，以便监测出当前的身体状况，制订私人健康计划，还能把个人金融数据授权给专业的金融理财机构以便制订相应的理财规划并预测收益。国家有关部门还会在法律允许的范围内经过严格程序，实时监控公共安全，预防犯罪。

个人的大数据信息受法律保护，其他第三方机构必须按法律规定授权使用，数据必须接受公开、透明、全面的监管，采集个人数据应该明确按照国家立法要求由用户自己决定采集的内容与范围，数据只能经个人明确授权才能处理。

二、大数据的特征

目前学术界将大数据的特征归纳为"4V特征"，本书将它们列举如下。

大量（Volume），随着信息化技术的高速发展，数据开始爆发性增长。数据体量巨大，超出了处理能力，甚至超出了存储能力。具体表现为从TB级别，跃升到PB级别。

高速（Velocity），这是大数据区分于传统数据挖掘最显著的特征，高速采集数据、迅速给出处理结果。现代信息科技的发展，使人们的数据处理能力呈现几何级数提升，同时使数据产生速度也呈现几何级数提升，两者具有对立统一的关系。

多样（Variety），多样性主要体现在数据来源多、数据类型多和数据之间关联性强这三个方面。数据来源复杂，数据结构复杂，分为结构化数据和非结构化数据。相对于以往便于存储的以文本为主的结构化数据而言，越来越多的非结构化数据大量产生，向整个社会发展提出了挑战，对人们的数据处理能力也提出了更高的要求。

价值（Value），大数据背后潜藏着巨大的价值。大数据真正的价值体现在从大量不相关的各种类型的数据中，挖掘出对未来趋势与模式预测分析有价值的数据，并通过机器学习方法、人工智能方法或数据挖掘方法对数据进行深度分析，运用于农业、金融、医疗等各个领域，以期创造更大的价值。稀薄的价值分布，需要海量的数据支撑，同时需要强大的算法进行价值挖掘。以谷歌和百度为例，虽然本身作为搜索引擎，可以解决信息收集的问题，但是在海量的检索结果中，区分到底哪些是有用的链接，又是一个极其耗费精力的再选择过程。

（一）体量巨大，种类繁多

互联网搜索技术的进步、电子商务平台的全面覆盖以及社交平台的快速兴起，促进了多元化数据的产生，而且这些数据在未来甚至会呈指数增长。互联网、存储等计算机科学领域正在迅速发展，人们从多元化领域获得的数据资料成倍增加。搜集海量数据的根源是网络数据能够实现同步实时收集，医疗领域的数据资料与科研领域的研究数据都会成倍增加。占数据总量比重高达 85% 以上的非结构化数据的增速远远快于结构化数据。就网络企业等相关投资者而言，这样的数据预测能够有效提升其自信心。美国咨询公司麦肯锡（Mckinsey & Company）对大数据进行了定义，指出大数据是传统数据库以及软硬件无法收集、储存和分析的巨大数据集。随着数据种类的不断增多，如视频、图片等信息增速的提高，挖掘多元形式数据流向的关系成了大数据最为显著的优势。例如，对供水系统数据和交通状况的数据资料进行关联分析，得到清晨洗浴与早高峰时间存在着密切关联的结论；将堵车地点、时间的数据资料和电网运行的数据资料进行分析，得到的结论是睡眠质量与交通事故的发生率存在内部关联。

（二）开放公开，容易获得

人们之所以重视收集大数据，主要目的是要开展数据分析。大数据并非只是在政府、企业等组织机构当中存在，其还存在于社会生产、生活之中，具备自动性的特征。如电信企业积累客户的电话记录，电子商务网站整合消费者信息，企业通过对大数据进行充分的分析与挖掘，能够全面提高企业的综合实力，优化企业的运营环境，提升企业决策的准确程度，推动商业智能的长效发展，为企业经济效益最大化目标的实现创造良好条件。在一定规则开放性的背景之下，借助应用程序接口与爬虫采集等技术手段，大量企业组织与政府部门能够为社会各界以及科研机构等提供海量的数据资源。开放公开与容易获得的数据源，是大数据时代的基本特点，因此会对整个社会产生巨大影响。

（三）重视社会预测

从本质上进行分析预测，是大数据特点的体现。在大数据背景下，预见行业未来前景的能力，成了企业不懈追求的目标。美国网飞（Netflix）公司推出

《纸牌屋》通过收集 3 000 万用户的播放动作，研究用户几百万次评级和搜索，评估受众面对差异化节目给出的不同观点，从多个角度掌握观众在节目欣赏方面的实际习惯，利用对海量数据的挖掘与分析获知人们的兴趣爱好和节目偏好等信息。该公司采集用户的多元化具体数据资料，为视频行业的制作方法改革创造了良好条件，使视频行业开始运用算法与逻辑分析的方式替代以往的生产方式。大数据手段的应用能够预先分析受众情况，了解他们青睐的节目类型。更为有趣的一个案例是，商家甚至比父亲更早获知未成年女儿怀孕的消息，因为商家通过对客户购买行为进行大数据的挖掘与预测，能够获知客户怀孕的可能性。人们越来越重视大数据在预知社会多元问题方面的作用，同时也开始将其广泛应用到社会科学领域。

（四）重视发现而非实证

实证研究特别关注构建理论假设，设定范围，并进行随机抽样，展开数据的定量调查与收集，从而证实理论假设。连续线性决策需要缜密的逻辑思维，大数据把关注点放在了数据方面，强调对数据的运用，创造知识，预测未来，挖掘本质，发现机遇。要实现对未来前景的预测，主要借助自下而上的数据收集处理的方法，而不是依靠以理论假设为根基来发现知识，预知未来，探寻规律。如沃尔玛超市（Wal Mart）利用大数据技术对大量交易数据资料进行分析，获得的一个重要结论是，周末男人在购买婴儿尿布的同时，通常会顺便购买啤酒。大数据获得的结果在通常情况下是极具实用价值的，这也是很多超市在货物安排和摆放当中常常会遵循的规律。除此以外，大数据理论还能够从整体上进行数据的分析和把握，所以获得的分析结论价值很大，可以作为相关方面做出决策和获知规律的重要根据。

（五）非结构化数据的涌现

数据挖掘关注的是未知的有效信息与实用性强的知识，更多的属于非结构化数据，这是大数据时代非常突出的一个特点。如今90%甚至以上的数据属于非结构化数据。社交媒体会随时产生无数数据文本，导致大量具有价值的数据资料被隐藏在了信息海洋当中。大数据技术从海量文本资料当中挖掘信息，获知人们的态度与行为的相关信息，对应舆情监测的社会需要与企业商机。在对大量非结构化数据进行收集、处理和分析时，社会出现了大量新需求，技术领域产生了较大的变革，同时也让很多非关系型数据库得到发展，大量计算机新技术持续不断地产生。大数据涵盖数据挖掘、网络挖掘、文本挖掘、商业智能信息技术、决策支持系统及其在社会科学领域的应用。

第二节 大数据背景下企业管理面临的机遇与挑战

在互联网和信息技术的推动下，全球的数据迅速增长，这些数据改变了人们的工作和生活方式，引领人类社会进入了大数据时代。在大数据时代，数据能在一定程度上决定企业的未来发展，企业要想提高经济效益，就要意识到大数据技术的重要性，紧抓大数据技术带来的机遇，同时积极寻求对策来应对挑战，使企业在时代的变革中实现长久的发展。

一、大数据背景下企业管理面临的机遇

（一）从大数据中及时挖掘客户的需求

大数据的出现使企业不再需要通过调查问卷等形式来了解客户群，对大数据的利用和整合使企业能清楚地看到客户的偏好。比如，在网络购物盛行的今天，人们经常会在电子邮箱中收到根据其偏好所推荐的产品等信息，而这些偏好信息是从哪里来的呢，当然是根据人们在网络购物中所浏览的产品、收藏的产品以及下单购买的产品。企业通过网络平台，可以很轻易地获取这些信息。根据这些信息，企业不仅可以向客户推荐优惠降价的产品，也可以调整自己的生产库存量、产品设计倾向，还可以在客户的消费评价中找到自己需要改进的地方。这种情况既方便了消费者，又为企业实现良好发展提供了参考。

（二）针对客户的需求和评价随时对产品做出改进

对大数据的应用和分析可以使生产者了解到客户需要什么以及什么时候需要，通过阅读已购买商品的评价来对自己生产的产品做出改进，预测产品需求的发展趋势而做出新的产品设计。最重要的是，生产者可以通过大数据及时收集到这些信息。所以，在现代的消费者导向市场中，对大数据的应用更是势在必行。当然大数据对于生产者也具有有用性，其不仅适用于线上产品生产商，同时也适用于线下产品生产商。也就是说，大数据信息既可以通过直接的途径获取，也可以通过间接的途径获取。

（三）寻找新的市场和商业机会

通过利用大数据，企业甚至可以预知客户尚未提出的需求，而这通过企业掌握的数据模式和回归分析即可实现。大数据也可以帮助企业发现哪个市场更适合推出新产品。

（四）高效节约的组织管理

企业通过对其所掌握的大数据进行分析，可以轻易地发现自身在组织管理中效率较低的地方，从而改进目前的管理制度设计和管理方法，使企业管理变得更加高效。例如，在物流业中，企业能够结合道路状况、交通信息和天气条件以及客户位置等信息安排配送，可以大大提高工作效率。又如，沃尔玛的成功即源于其对大数据的成功应用，它的采购、库存、订货、配送和销售已实现一体化，不仅能节省很多时间，还能加快物流的循环。高效的运行效率，使其总是先人一步，进而从激烈的市场竞争中脱颖而出。

（五）加强企业风险管理

对企业经营的各个过程进行风险预测、风险监督和风险控制，是企业管理的一个重要方面。利用大数据，企业可以针对自己的生产经营以及客户或供应商的情况确定其风险类别。特别是在保险业，保险公司通过应用大数据，可以确定客户在未来可能发生的损失，帮助保险公司以恰当的价格和时间范围为客户提供恰当的产品，并降低索赔成本，避免客户骗保行为。当然，在除了保险业以外的其他行业，该项技术应用也是非常有用的，对于向外界提供贷款的金融业来说，利用大数据对客户进行全方位的分析，能够降低放贷风险，保证自身的长远发展。

二、大数据背景下企业管理面临的挑战

全球各国企业对大数据应用的迫切需求，也突显出了一个严重的问题，就是各国普遍缺乏数据科学家，国内企业也面临着一系列的挑战。

（一）数据分析人才不足

企业对于大数据的应用首先要对大数据进行处理才能实现，而在大数据的处理环节，数据科学家是点燃大数据价值的关键。通过数据科学家对数据关系的重新建构，赋予数据新的意义，才能使数据为企业所利用，构建企业的核心竞争力。

数据科学家不仅是过去的钻研数据分析的"专才"，他们更应该是一种综合能力较强的复合型人才。简单来说，为了从数据中提炼出有效信息并且将其作为决策支持，数据科学家必须首先将问题进行量化，然后加以分析，再解决问题。数据科学家还要具备让非专业人士了解数据内涵的"讲故事"能力，即沟通能力。总体来说，要成为合格的数据科学家，必须同时具备三种能力：一

是熟悉数据分析工具的操作；二是熟悉企业业务运作的细节；三是具备数据勘探知识。同时具备这三种能力专长的人才，还是非常稀缺的。目前，国内所有的数据分析师，他们都擅长于为已经发生的问题找出问题源头并解决问题，却大都缺乏发现和挖掘未知问题的能力。所以，企业在对大数据进行处理时，还需要国外顾问来国内解决问题，而这所花费的时间与成本，也让大数据处理的效率大打折扣。另外，国内企业长期以来对于数据的价值没有形成充分的认识，也没有依据数据做出决策的习惯，甚至很多企业忽视数据的存在，所以，很多企业都没有长期性保留数据与应用数据的计划，这也使数据分析的前提都难以满足。

近年来，在一些先进企业的高层，已经出现了一些与数据科学有关的新岗位。首席数据官（Chief Data Officer，CDO），是随着现代企业不断完善而产生的管理层新秀。作为一种跨领域的人才，他们的责任是依据工作需要选择数据库，以及选取对数据进行提取、变换和剖析等操作的适当方法，对数据进行挖掘、处理和提炼剖析，根据分析的结果为企业未来的业务和运营提供相应的战略性的建议和意见。简而言之，他们必须将数据价值与企业决策加以整合。CDO 已经进入企业的核心管理层直接向首席执行官（Chief Executive Officer，CEO）汇报。2012 年，阿里巴巴集团设立 CDO，负责全面推进阿里巴巴集团成为"数据分享平台"的战略。与数据科学家相比较，CDO 也是跨领域的人才，但是他们更应该是熟悉商业运作与决策的管理者，能够对大量的数据产生的信息迅速加以判断，了解消费者的需求，从而制定决策方案，是创造企业价值的人才。对于这种复合型人才的招聘与培养不可能一蹴而就，而人力资源管理于其中就发挥着重要的作用。今后，对于数据人才的吸引、培养、激励，都会成为人力资源管理工作新的重点。

（二）数据存储能力的限制

大数据是指所涉及的数据量的规模巨大到无法通过人工在合理时间内进行获取、管理、处理并整理为人们所能解读的信息。视频作为数据体量最大的一部分数据，其数据量也正在逐年增长。目前单节点的存储设备已无法满足很多企业巨大数量的视频监控数据的管理需求，其发展也很难跟上数据的增长速度。目前在视频文件的存储中主要存在以下三个问题：第一，存储设备管理接口不统一；第二，存储资源的管理和分配制度还需补充完善；第三，以文件系统为核心的数据存储方式存在很多弊端。例如，写文件会导致文件系统元数据区持续频繁更新，从而导致文件系统的元数据区被损坏，进而导致文件系统不可用。

视频作为图像数据和报警事件记录的基础载体，在工作中发挥着重要作用，其存储的需求已经不是一台或几台设备就能够满足的，我们需要的是建立一个平台来作为解决方案。但是这些条件，目前还难以满足。

（三）数据安全的隐患

大数据具有强大的信息提取功能，若将大数据应用于企业管理，不免产生数据安全方面的问题。

一方面，这种安全问题表现为人们对数据掌握者的担忧。在奥威尔（Orwell）的《1984》中，描述了在大洋国，党领袖"老大哥"利用电幕监控人们的日常生活，任何违逆言论，甚至于表情都会受到监控并加以报告，不敬者将被教育、改造、逮捕甚至清洗，这是对于专制集权的批判之作。然而，有人担心，在大数据时代，人类也会受到科技监控。大数据甚至被视为与"电幕"一样的监控工具。无论是政府还是企业，掌握更多的数据意味着拥有更多的话语权，与此同时，也就拥有了更多的权力。这种权力必须得到有效的监管和限制。企业的经营管理必须在法律法规的框架下进行，否则将可能给企业带来不利影响。

另一方面，安全问题表现为数据本身的不安全。海量信息的集中存储会使数据的分析处理更加便捷，但在管理不当的情况下，反而容易导致数据泄露、丢失或损坏。数据安全的威胁长期存在。研究表明，目前在泄密事故中由内部人员所导致的泄密事故占75%以上，虽然通过管理制度规范、访问控制约束以及审计手段威慑等防护措施能在很大程度上降低内部泄密的风险，但在个人灵活掌握终端的情况下，这些防护手段仍然很脆弱。一旦终端信息脱离组织内部环境，就很可能发生泄密情况。所以，为了保护信息的安全，企业必须采取更完善的措施对信息进行加密，才能实现对整个信息生命周期的有效保护，从根本上解决数据泄密的问题。

综上所述，对于企业来说，大数据既是机遇也是挑战，大数据中潜在的巨大价值必然会掀起一场商业模式和管理决策的深刻变革。企业在大数据时代为了获得领先优势，必须转换思维，变革管理模式，充分、有效地利用大数据，挖掘其中蕴含的附加价值，力求在瞬息万变的全球化经济环境中赢得竞争，发展壮大。

三、大数据背景下企业战略管理创新的途径

在新时期，为了从战略角度有效应对大数据带来的机遇和挑战，企业应该做到以下几点。

第一，树立大数据意识，建立有效的信息平台。现代社会是信息爆炸的社会，企业需要树立有效的大数据意识，需要合理、有效地收集数据并进行分析处理，这些对于企业来说是一项非常巨大的工程。因此，建立有效的信息平台，为专业数据信息的分析提供规模性的服务保障，才能为提高企业服务水平、优化企业战略管理奠定坚实的基础。

第二，重视大数据技术，推进技术革新与改造。重视新技术的推广与应用，是企业进行大数据开发的基础和源泉。但复杂的大数据并不一定会为企业创造可观的价值，关键还要看数据分析与应用的效果。特别是大数据时代已经打破了行业之间的壁垒，因此，如何利用大数据技术并充分发挥其效用，加快技术更新和应用的步伐，形成真正的规模化数据是当前企业在推进大数据发展应用过程中必须面对与解决的问题。

第三，调整组织结构，搭建组织信息平台。在大数据时代下，企业能够获得及时、有效的数据信息，其不仅需要搭建企业自身的云计算下的大数据平台，还需要组织员工共同参与到这个过程中来。同时为了适应分散决策的要求，企业必须将组织结构调整为扁平化的组织结构，调动一线员工工作的积极性与主动性，缓解高层的决策压力。

第四，加强人才培养，制定大数据人才培养战略。企业战略管理需要大量掌握大数据挖掘和数据分析技术的人才，其不仅需要具备扎实的数学基础知识、数据库知识、统计原理等，还需要具备大数据思维意识，能够利用数据分析结构对企业发展、市场前景、竞争趋势进行有效预测，为企业决策提供数据分析支持。因此，企业不仅要对此类人才进行招聘，更要制定大数据人才培养战略，进行人才的储备、培养与激励，为企业大数据战略转型提供人才支撑。

第三节　大数据在企业管理中的作用

在进入大数据时代后，如何更好地利用信息爆炸产生的海量数据为管理服务和利用数据创造财富是不可回避的命题。管理决策日益基于数据和分析而做出，并非基于经验和直觉，大数据对于企业正确地制订发展计划与合理地安排企业资源具有重要的意义。

一、大数据对企业管理的影响

（一）大数据对企业管理思想的影响

大数据时代的来临改变了企业的内外部环境，引起了企业的变革与发展。

企业越来越智能化，企业管理也逐渐实现了信息化。企业中的数据收集、传输和利用需要现代管理思想的支撑。

大数据环境下的企业管理应当以人为本，在实践的基础上运用现代信息化技术，采用柔性管理方式，将数据当作附加资产来看待。企业运营离不开数据的支撑，企业在管理过程当中如果不能够深刻认识到大数据的重要性，仅仅以企业短期盈利作为目标，是缺乏战略性思考的。企业只有有效地利用数据分析结果，对市场变化进行预测，抓住市场先机，了解客户需求，才能主动赢得市场，才能在企业管理与销售业绩上创造出更大的价值。

（二）大数据对企业管理决策的影响

大数据背景下数据的分析利用是企业决策的关键。

首先，大数据的决策需要大市场的数据。基于云计算的大数据环境影响着企业信息收集方式、决策方案选择、决策方案制定和评估等决策实施过程，对企业的管理决策产生影响。大数据决策的特点体现在数据驱动型决策上，大数据环境下的管理决策对于企业而言不仅是一门技术，更是一种全新的决策方式、业务模式，企业必须适应大数据环境对管理决策的新挑战。

其次，大数据对决策者和决策组织提出了更高的要求。大数据时代改变了过去依靠经验管理理论和思想的决策方式。管理决策层根据大数据分析结果发现和解决问题，预测机遇与挑战，从而规避风险。这就要求决策层具有较高的决策水平。由于在大数据背景下需要企业全员的参与，在动态变动的环境下，分散决策权力才有利于企业做出正确的决策。这就要求企业的组织更加趋于扁平化。

（三）大数据对企业人力资源管理的影响

人力资源是企业中最宝贵的资源，是企业创造核心竞争力的基础。利用大数据技术，企业将大大提高人力资源管理的效率和质量，有效地加快人力资源工作从过去的经验管理模式向战略管理模式的转变。

企业从员工招聘到绩效考核与培训，积累了大量的各类非线性数据，这些数据都是无形的资产，利用大数据技术，将这些数据进行整合、分析、利用，能够为企业做出巨大贡献。首先，在员工招聘上，企业只需将用人要求与员工各项能力数据相匹配，结合人力资源招聘的经验，便可轻松选出符合要求的员工。其次，在绩效考核上，企业要进行标准化管理，对员工日常的各类数据进行分析，设定等级标准，得出客观公正的考核结果。这大大避免了绩效管理的主观性与不全面性。最后，企业根据大数据的分析结果，针对不同员工进行有针对性的培训，能够更有效率地提高培训水平。

（四）大数据对企业财务管理的影响

大数据使企业财务管理的模式和工作理念发生了颠覆性的改变。首先，财务管理更加稳健。企业在大数据技术下对各类财务数据进行发掘，提取出更多有用的财务信息，及早地发现财务风险，为管理决策者提供重要的决策依据，使之做出正确的决断。其次，财务数据的处理更加及时、高效。财务数据在企业日常运营当中举足轻重，企业的各项交易都依赖于对财务数据的分析，企业基于大数据，通过对财务数据的分析和处理，能够改进财务管理工作的运行模式，并且提高财务管理工作效率。企业资金运作成本降低，利润就相应提高了。通过大数据技术对企业资源积累最丰富的、最基础的财务数据进行整理和分析，可实现企业价值的增值。

二、在企业管理中正确应用大数据

大数据的兴起会颠覆既有的企业管理体系。简单来说，大数据就是打破存储壁垒，对企业多年积累的业务、财务、市场和人事等方面的信息进行深入挖掘和分析，从而发现阻碍业务发展的症结所在，进而对症下药，解决问题。

（一）财务管理中大数据的应用

在大数据时代，首席财务官的工作职责已经从财务管理延伸到促进企业整体绩效的提升。他们可以利用各种数据分析工具对企业管理情况进行分析，从而将有限的资源配置在高增长领域，并且制定行之有效的财务流程对企业进行现金流管理、兼并管理及风险管理等。

以前，企业在大力推行财务管理的信息化和标准化时，主要强调内部统一标准的建立，以确保财务和业务信息的统一。但在大数据条件下，由于数据采集和分析的工具更为先进，在数据格式不统一的情况下仍能对其进行高效分析，这也就为原本信息基础架构较差的企业提供了转型升级的机会。

此外，在大数据时代，企业财务转型升级的大势所趋是管理会计与财务会计的融合。如今在大数据环境下，财务领域的不断发展会是企业在激烈的市场竞争中最强有力的支撑者，而财务会计也是最擅长从大数据里发现未来发展机遇和趋势的开拓者。管理会计与财务会计的融合必能使财务领域成为数据挖掘利用的强有力的方面，一方面为企业的经营管理者做出决策提供科学依据，另一方面也为企业面对大数据的冲击提供了有力武器。

（二）人力资源管理中大数据的应用

全球范围内大数据处理技术应用的迅速增长，推动整个社会进入了大数据时代。而大数据处理技术本身也将成为我国人力资源管理与招聘行业制胜的重点。近年来，在人力资源管理与招聘行业中，以大数据技术为支撑的产品和解决方案在全球范围内实现了快速增长。人力资源行业企业开始通过出售经过分析处理的商业报告来获取收益，这种新的商业模式的出现就是基于对商品化的大数据的应用。与此同时，人力资源管理与招聘行业的大数据处理技术还引起了一些欧美政府部门的注意。据此，伴随大数据时代的来临，我国的人力资源管理与招聘行业也会告别过去依靠市场投入驱动增长的粗放型发展模式，进入以技术竞争，尤其是以大数据技术竞争为代表的高壁垒竞争时代，从而使这个行业的发展更加成熟。

事实证明，利用大数据研发的智能系统可以帮助人力资源管理从经验模式逐步转化为事实数据模式，从而让人力测评逐渐由主观经验测评转向数据建模测评，测评结果也将更加客观、可靠。而所谓的大数据人力资源智能系统，它主要是利用数据对整个人力资源过程进行控制分析，即通过建立一系列基于企业人力资源管理过程的数据分析模型，利用智能系统强大的分析统计功能和丰富的展现形式等特点，实现对企业人力资源管理分析与决策的支持。这个人力资源智能系统可以通过其多维数据仓库功能进行数学建模，提高人力资源管理分析与决策的效率，使人力资源管理体系能够不断找到问题所在，从而不断进行调整和优化，以更好地支持企业发展和满足企业整体发展战略的需要。

在数据爆发的时代背景下，每个企业都开始重新寻找自己的定位，将对数据资源的整合及分析归置到核心战略中，并据此衍生出一系列新的产品和服务。各大招聘网站也利用先进的大数据技术，研发出了一系列的以社交网络和大数据技术为基础的产品，为企业招聘提供服务。也有一些企业通过提供人力资源管理解决方案和行业宏观分析报告，包括将这些方案和报告提供给猎头、企业人力资源管理部门、媒体、政府等来获得收益。例如，一些企业通过了解在哪里可以找到候选人等方法，快速确定在何处投放招聘广告，轻松填补职位空缺，帮助企业更快捷地找到合适的求职者。企业通过个人竞争力分析可以直接看到投递该职位的应聘者人数、工作年限、学历等信息，这样企业就能更为直观地比较应聘者的竞争力。

（三）营销管理中大数据的应用

从商业本质上来说，营销的过程就是明确需求、提供价值、完成交易、实现利润的过程。互联网金融的迅速发展，逐渐改变了消费者的消费模式和行为习惯，也迅速改变着传统的商业模式。在大数据时代之前，企业更多借助客户关系管理系统获得客户信息、市场促销、广告活动、展览等结构化数据，以及企业官网的一些数据，但这些信息只能满足企业日常营销管理需求的 10%，并不足以洞察和发现规律。而其他 90% 的数据是诸如社交媒体数据、邮件数据、地理位置数据、音频视频数据等这些不断增加的信息数据，还有被逐渐广泛应用、数据量更大、以传感器为主的物联网信息，以及风起云涌的移动 5G 互联网信息等，这些都是大数据中所说的"非结构化数据"或者"多元结构化数据"。它们更多以图片、视频等方式存在，几年前这些数据一直处于被置之度外无法运用的状态，但如今在大数据进一步提高算法和机器分析作用的情况下，这类数据在竞争激烈的市场中就日益宝贵起来。它们的作用突出，也能被大数据技术所充分挖掘、运用。但目前，虽然大数据展示了非凡的前景和巨大作用，但大数据营销仍面临很多问题与挑战。首先面临的问题是技术和工具困境，毕竟大数据技术还处在发展期，各方面技术并不太扎实，各项工具仍需要进一步完善。况且真正启动大数据营销，企业所面临的不仅仅是技术和工具问题，更重要的是要转变经营思维和组织架构，才可以真正开始挖掘这座数据金矿。

三、大数据在企业管理中的应用——以上海电气集团股份有限公司运用大数据分析降低采购成本为例

上海电气集团股份有限公司（以下简称"上海电气"或"集团"）的产品成本构成特点是材料成本比重非常高，大型产品的材料成本高达 70% ～ 80%。上海电气虽长期重视材料降本工作，并对下属企业进行材料降本的绩效考核，但由于缺乏深入分析材料成本和计量材料降本绩效的手段，效果并不显著。为加强材料降本工作，上海电气健全财务与业务一体化的信息系统，运用"大数据分析法"分析材料降本。其对全部采购记录从采购单价、采购频次、供应商、采购员等维度透视分析，不但能发现材料采购中存在的问题，分析进一步降低材料成本的潜力，而且能准确算出各单位的材料降本结果。上海电气根据大数据分析反映的问题，采取了有针对性的材料降本措施：依据大数据运算的降本结果，选择"采购降本金额"和"采购降本率"两个指标来评价下属企业采购降本成效，绩效考核进一步调动了各级管理者和员工降低材料成本的积极性，有效促进了集团经济效益的提升。

（一）大数据分析降低采购成本取得的效果

1. 采购降本绩效评价有了可靠依据

上海电气在开展采购降本大数据分析的同时，选择了"采购降本金额"和"采购降本率"两个指标来评价采购降本成效。以往集团总部对企业也考核类似指标，但过去缺乏技术手段对其进行计算，完成情况基本靠被考核者上报，数据的准确性难以得到保证。在大数据分析系统中，对每种物料的采购价格自动对比，得出企业全年采购降本金额，并自动调整各类材料市场价格变动因素影响，得出实际降本金额和降本率，从而使采购降本绩效评价有了可靠依据。采购降本的绩效评价和绩效考核也进一步调动了企业降低材料成本的积极性。

2. 采购降本措施更有针对性

集团总部根据大数据分析系统所反映出的共性问题，修订了集团的《材料采购制度》，并要求下属企业相应修订本企业的《材料采购制度》；规定批量采购实行公开招标，零星采购也必须在合格供应商中比价采购；对大宗材料实行集团集中采购，并与宝山钢铁公司等单位签订战略合作协议，保持长期合作，利用集团优势降低材料成本；依托集团网络公司推行网上招标、网上采购，采购过程公开、透明；集团审计部门也把审计工作延伸到材料采购领域，防止"暗箱操作"。

产业集团和企业坚决执行集团各项规定，并对大数据分析系统反映的个性问题采取改进措施。如电站集团根据下属企业主要产品均为发电站配套的特点，由电站集团设计部门对"机"（汽轮机）、"电"（发电机、电动机）、"炉"（锅炉）、"辅"（电站辅机）统一进行优化设计，既减少了材料消耗，又提高了匹配效能，还与下属企业设计部门共同推进产品的标准化、系列化，提高了零部件的通用性。当用户有特殊要求时，先根据用户需求在系列产品中选定标准机型，再进行个性化改进，大大提高了材料利用率，减少了一次性采购。如上海三菱电梯有限公司在保证产品性能、质量、安全的前提下，对"压重"等零件材料采用了替代材料，明显降低了材料成本。大部分企业对大数据分析中所反映的可能存在异常行为的情况进行了深入了解和剖析，并改善材料采购管理流程，实行采购员轮岗，从领导干部做起，不给关系供应商特殊照顾，从机制上防止违法行为的发生。

3. 采购降本效果进一步体现

由于大数据分析系统能够运算出真实的材料降本结果，绩效考核发挥了有效作用，各级管理者和员工积极实施降本措施，上海电气实现了集团经济效益的提升。

（二）大数据分析降低采购成本的经验总结

1. 运用大数据分析法的关键因素

实践证明，在财务会计中运用大数据分析法，具有相关数据信息全面、运算效率提高、分析结果可靠等优点，是创新财务会计分析的一种有效方法。企业用好大数据分析法的关键因素有以下几个方面。

第一，企业要完善信息化系统。首先，要把财务信息与业务信息相融合，使所有信息系统运用的数据都源于相同的出处，所有信息都能够实现共享；其次，要完善各类编码的标准化和统一性，确保同一物料、同一客户、同一供应商等都是同一的也是唯一的编码，如果编码不标准、不统一，就会严重影响大数据分析的质量，甚至出现误导的现象。

第二，企业要选用恰当的相关数据和分析模型。一方面，大数据分析并不是运用的数据越多越好，而是要针对分析对象，选定分析维度，在选定范围内深度挖掘，避免不相关数据带来的影响；另一方面，在分析方案设计中，要充分考虑到所有相关因素，避免分析的片面性。同时，要建立分析模型、编制相关程序、设置"友好"界面，便于分析研究。

第三，企业要加强自身基础数据的管理。大数据分析的特点在于运用全部相关数据，使分析结果具有客观性和全面性。但是，如果原始数据的准确性和及时性不足，数据再多也难以得出可信的分析结果。所以企业必须加强自身基础数据的管理，确保将所有购物单、入库单、领料单、工时单等大量基础数据准确、及时地录入系统，使海量数据都具有切实的利用价值，使大数据分析具有更可靠的依据。

2. 完善大数据分析法的建议

第一，对完善大数据分析法分析采购降本的建议。建议在已开发运用"采购单价""采购频次""供应商""采购员"四个维度分析的基础上，增加"物料领用"维度。扩大物料领用记录数据的应用范围，以进一步反映从物料购入到物料领用的时间和长期未被领用投入生产的情况，分析是否存在采购次数、采购批量的不合理状况以及库存积压问题。挖掘节约储存成本、资金成本的潜力，防止损失浪费。

第二，对扩大大数据分析法应用的建议。大数据分析作为一种分析方法，不仅可以用于采购降本分析，还可以用于其他分析，如应收账款管理大数据分析、存货管理大数据分析、全部成本大数据分析、风险管理大数据分析等。建议逐步扩大大数据分析法的应用范围，相应增加数据库中的数据积累，不但增加企业内部的数据积累，而且增加市场信息、行业信息等数据积累，同时提升数据获取的及时性，必要时运用无线传输、云计算等功能。随着"互联网＋"的发展，大数据分析法必将不断创新，得到广泛应用。

第四节 大数据时代企业人才的培养

大数据具备抓取能力强、刷新及时等特点，在很多领域都能精准地指导资源分配，因而很多企业都开始利用大数据来整合和管理人才。在人力资源管理工作中，当人数特别多时，大数据对人员结构、未来发展和人才支持等方面的分析能够对企业的管理产生积极作用。

一、人力资源管理的意义

现代人力资源管理对企业的意义主要体现在以下几方面。

（一）有利于促进生产经营的顺利进行

企业拥有三大资源，即人力资源、物质资源和财力资源，而物质资源和财力资源的利用是通过和人力资源的结合实现的，只有合理组织劳动力，不断协调劳动力之间、劳动力和劳动资料、劳动对象之间的关系，才能充分利用现有的生产资料和劳动力资源，使它们在生产经营过程中最大限度地发挥其功能，形成最优的配置，从而保证生产经营活动有条不紊地进行。

（二）有利于调动企业员工的积极性，提高劳动生产率

企业中的员工，他们有思想、有感情、有尊严，这就决定了企业人力资源管理必须设法为劳动者创造一个适合他们的劳动环境，使他们乐于工作，并能积极、主动地把个人劳动潜力和聪明才智发挥出来，为企业创造出更多的生产经营成果。因此，企业必须善于处理好物质奖励、行为激励以及思想教育工作三方面的关系，使企业员工始终保持工作热情，充分发挥自己的专长，努力学习技术和钻研业务，从而达到提高劳动生产率的目的。

（三）有利于减少劳动耗费，提高企业经济效益

经济效益是指企业在进行经济活动中所获得的和所耗费的差额。减少劳动耗费的过程就是提高经济效益的过程。所以，合理地组织劳动力，科学地配置

人力资源，可以促使企业以最小的劳动消耗获得最大的经济成果。在市场经济条件下，企业的资产要保值增值，争取企业利润最大化、价值最大化，就需要加强人力资源管理。

（四）有利于现代企业制度的建立

科学的企业管理制度是现代企业制度的重要内容，而人力资源管理又是企业管理中最为重要的组成部分。一个企业只有拥有第一流的人才，才能充分而有效地把握和应用第一流的现代化技术，创造出第一流的产品。不具备优秀的管理者和劳动者，企业的先进设备和技术也将无法发挥效用。提高企业现代化管理水平，最重要的是提高企业员工的素质。可见，注重和加强对企业人力资源的开发和利用，做好员工培训教育工作，是实现企业管理由传统管理向科学管理和现代管理转变不可缺少的一个环节。

（五）有利于加强企业文化建设

企业文化是企业发展的凝聚剂和催化剂，对员工具有导向、凝聚和激励作用。优秀的企业文化可以增进企业员工之间团结和友爱的感情，减少教育和培训经费，降低管理成本和运营风险，并最终提升企业利润。

二、大数据背景下企业人力资源管理的新趋势

（一）从"一言堂"到"众声喧哗"

传统的企业管理更多的是管理者发号施令，普通员工只能被动接受。在大数据时代，随着信息技术的飞速发展，人们可以通过网络媒体实时传递信息和数据。大数据时代的网络平台是人人平等的，不再是原来的普通员工有话无处说的时代。当年联想的裁员事件，员工在毫无征兆的前提下被企业裁员，被裁的人心里委屈，留下的人也心生惶恐。柳传志对网上质疑的回复及时说明了情况，安慰了员工，并且反思了管理中的问题，指出了未来的发展方向。在大数据时代，每个人都可能是"话筒"，都可能影响到他人，也可能受他人影响，没有任何一家企业独立于大数据的信息之外。

（二）从信息的发布者到信息的接收者

当今时代，员工的信息随时可见，并且随处可见，所以管理者要适应这种趋势，及时转变角色，从原来信息的发布者到信息的接收者、交流者，从原来的"高高在上"到"和群众打成一片"。管理者通过大数据对网上信息进行汇总，可以了解到员工在经历什么，存在哪些问题。如果是员工普遍存在的问题，

是否需要对其进行培训？培训的内容是什么？据此进行的培训会更加精准、有效，员工会更加积极主动。如果是新招聘员工的问题，是不是招聘方式不合理？要不要改进？从哪些方面进行改进？制定改进方案前可以征询员工的建议，方案实施后追踪结果反馈。通过大数据的分析与汇总，管理者可以及时发现问题、解决问题，对企业可能面临的问题未雨绸缪，从容面对。

（三）从单纯的物质奖励到对员工发自内心的关怀

大数据时代的员工自我意识更强，更渴望得到尊重和关怀，他们从事工作不单是为了养家糊口，更是为了有尊严地生活。如果企业忽视员工的内在需求，只是简单的物质奖励，刚开始可能效果很好，但难以持久。所以给员工真正的关怀，解决他们的实际问题，才更能打动员工，并最终留住员工。例如，海底捞公司在对新员工培训时，会教员工如何使用自动提款机，如何乘坐地铁，因为海底捞公司的员工大多来自农村，海底捞这么做是为了帮助员工快速融入城市生活。同时，海底捞还会给业绩好的员工父母寄钱，让他们也感受到孩子的成长和光荣。能设身处地为员工着想的企业会让员工对其更有归属感，更乐于为企业努力工作。

三、大数据背景下企业人力资源管理应注意的问题

（一）权衡大数据带来的收益与支出

企业要想将大数据融入人力资源管理体系中，首先要考虑其可行性，即要考虑其规模和资产，权衡收益和成本，始终以利益最大化为目标。目前，一些中小型企业盲目跟风，急切地将大数据引入人力资源管理系统中，认为拥有大数据就是拥有先机和脱颖而出的法宝。然而，很多企业并不明确大数据的真实含义而一味地收集无用的信息数据，耗费了大量的财力建造基于数据的信息管理系统，并对其进行维护。这样的行为完全忽视了收益与成本的关系，有可能得不偿失，容易造成人力资源管理系统的瘫痪和浪费。因此，在今后的发展过程中，企业首先要考虑大数据与人力资源管理系统结合的必要性，避免盲目跟风，要以谨慎、认真的态度权衡利弊，做出适合自身发展的决策。

（二）人力资源的共享与安全

大数据时代的到来给人们带来了方便，同时也存在着弊端。目前针对大数据安全问题的应对措施及技术不断被提及，但其共享与安全问题仍然存在。大数据的人力资源系统也同样存在着安全隐患。例如，大数据时代的招聘新模

式——网络招聘，即人力资源部门通过网络获得应聘者所有的数据信息，不仅包括与工作有关的数据，还包括与生活有关的大量隐私数据、财务数据等。如何保护应聘者和员工的种种数据，如何设置被访问的权限等问题都应该引起企业的高度重视，这些数据一旦泄露或丢失，后果将不堪设想。所以，数据安全问题将成为今后人力资源系统创新的重点。

四、谷歌人力分析团队——基于大数据的人力资源管理实践

谷歌公司的人力资源部门被称为"人力运营部"，表明了谷歌公司高层认为，该公司的成功与企业中的人息息相关，公司运用基于数据的人力资源管理，最大限度地将人的作用发挥到极致。

（一）人力分析团队的组建

2006年，拉兹洛·博克（Laszlo Bock）加入了谷歌公司，出任副总裁与人力资源主管，他上任后将塞蒂（Setti）从第一资本公司请来。塞蒂是学化学工程出身的，并没有太多人力资源管理的经验，但他在完成自己MBA课程的时候，惊讶地发现人们在做出决策时常常依靠主观判断和感受，这使他非常沮丧。这一点被博克看中，他将塞蒂招进谷歌公司，让其带领一支人力分析团队。他要求塞蒂一定要将谷歌公司工程分析的一整套严谨的方法运用于人事决策。在他们的主导下，谷歌人力运营部的准则是，"谷歌公司所有人的决策都要基于数据和分析"。

人力分析团队的成员一般具有统计、金融、组织心理学等领域的博士学位，其工作内容包括帮助做出最优薪酬奖励决策以最长时间留住顶尖人才，推算出最优面试模式以确保招聘到最佳求职者，采用心理学和数据分析的方式分析哪些员工在谷歌公司能够成功发展，哪些员工最可能中途离职等问题并建模。他们也针对某些领导力、决策力等问题进行更深入的研究。例如，他们探索人的认知启发模式，分析人们做决策或解决问题时通常会选择的思维捷径，并证明这些捷径可能导致的偏差。同时，这个团队的研究结果也是谷歌公司人力运营部积极影响公司绩效的最有力证明。

（二）人力分析团队的成果

谷歌公司的人力分析团队直接向公司副总裁报告，在人力资源管理的所有模块中，团队都会派出代表。该团队现在推出了很多包括非匿名员工调查和指数等成果，它也致力于研究人事运营的内在规律，提供解决方案等。它的目标是运用数据和测量的方法替代人的主观决策。迄今为止，其对谷歌公司的贡献

主要集中在以下几个方面。

第一，人才保留。企业招聘和培训员工需要投入大量的人力、物力、财力，企业保留人才能力的提升也许是其走向成功的第一步。谷歌公司通过数据分析开发了人才保留算法，能够预测哪些员工可能会离职，并据此避免了不必要的摩擦，员工的人才保留率得到提升。另外，通过对于产假的重新设计，谷歌公司将与此相关的离职概率降低了。

第二，打造多元人才队伍。人才队伍多元化不仅仅是法律的要求，更是谷歌这样一家创新型公司发展的客观要求，谷歌公司运用数据来保证员工多样化。人力分析团队运用数据分析找出公司人员种类不够多元的根本影响因素，从这些因素入手对人才种类进行丰富，打造了多元化的人才队伍。

第三，智能化招聘。选人比用人更重要。谷歌公司用数据分析的方法寻找最佳候选人，预测应聘者在进入公司后是否具有最佳生产力。另外，他们还开发出一种分析被拒绝简历的算法，发现公司有 1.5% 的出错率，最终他们聘用了其中的一部分人。此外，谷歌公司还发现，招聘流程并非越复杂越好，四轮以上的面试并不能保证招聘的质量。通过智能化招聘，谷歌公司的招聘效率得以提高。

第四，工作环境优化设计。谷歌公司用数据分析的方法分析了员工的工作场所，发现娱乐有助于提高员工绩效。个性化的工作空间、公共的线上社交场所以及学习与发现的机会将有效提高员工的生产效率和留任率。除此之外，谷歌公司还利用数据确定理想的组织规模和不同部门形态。

第五，管理经理人。谷歌公司人力分析团队分析了成功经理人的八大行为特征。他们进一步发现，一对一的训练、个性化的反馈以及对于员工个体的关注与员工留任率和工作满意度呈正相关。根据这八个特质，每年经理人都要接受两次考评。

（三）基于大数据打造最佳经理人

谷歌公司对于其很多研究都采取了保密措施，但是人力分析团队于 2009 年启动的"氧气计划"却为人所熟知。"氧气计划"的成果之一是分析得出了成功经理人的八大行为特征，但更为重要的是，这八大行为特征并不是一个宽泛的概念。谷歌公司人力分析团队更研究出了与这些特质相关的经理人的可测量的关键行为，以及一整套的帮助经理人培育这些特质的方法论和具体技术。人力分析团队是如何真正做到基于数据的人力资源管理决策的呢？下面将介绍谷歌公司"氧气计划"的具体实施过程。

1. 项目背景

谷歌公司自成立之初，员工的主体部分就是一群笃信"技术至上"的工程师，对于管理以及管理者的价值，其实在很多员工心中一直存在疑惑，甚至认为管理会耽误公司正常工作的高效运营。公司高层也注意到了这个现象，早在 2002 年，谷歌就开始推行全面的"组织扁平化实验"，旨在打破管理层级，充分发挥员工的创新能力。然而，实验几个月后就失败了。这从侧面印证了，管理者在谷歌公司是有一定的重要性的，他们在为员工设立目标、促进合作、支持员工职业生涯发展和制定符合公司战略目标的流程方法上起到了重要的作用。到 2009 年，谷歌公司的人力分析团队终于开始研究这个困扰其多年的问题——谷歌公司到底要不要管理者。

2. 实施过程

人力分析团队首先考察了谷歌公司内部员工离职访谈的数据，发现员工的离职率与其对于管理者的低满意度之间存在联系。但问题是，整个谷歌公司的离职率较低，就此下结论缺乏充分的证据。

于是，团队开始查看每年的年度调查评分表和评估报告，这项调查匿名收集了员工对公司的看法与意见以及未来的职业规划，并交由专业人员分析，团队开始考察管理者的满意度与绩效之间的关系。然而，刚开始的结果并不令人满意。研究人员发现，满意度得分低的管理者的业绩也很不错。团队进一步运用了更为复杂和精密的"多变量统计方法"，想要证明管理的价值，即"管理水平的提升非常重要"。他们终于发现，得分高的管理者所在团队的离职率低于其他同等条件的管理者的团队，管理者质量与员工幸福感和留任意愿之间存在相关关系，这种关系强过了员工资历、绩效、福利和晋升机会等因素。

在证明了"管理在谷歌是有用的"之后，团队运用了一个双盲目性访谈的方法，访问了来自全球各地谷歌公司不同职能部门的管理人员，提出"您多长时间会与直系下属进行一次有关其职业发展的讨论""您为团队意愿的设立贡献了什么"等问题。接下来，团队研究了成千上万份定性访谈、绩效评估表，以及每年谷歌公司评出的二十多位公司最佳经理人的行为特征，经过反复的调研，终于得出了成功经理人的八大行为特征。

3. 实际应用

第一，匿名评分。为了让结果更易接受，人力分析团队为不同部门的员工定制了不同的调查工具。在调查中，员工对经理人的一系列行为打分，这些评分项目与成功经理人的八大行为特征息息相关。

第二，经理人接受反馈，进行改进。评分是匿名进行的，之后经理人会收到评分表和个人评价，经理人从报告中不仅能够看到自己的得分，还有如何改进的意见，在某些方面得分低的经理人可能会被建议接受相关培训。

谷歌公司还邀请得分高的经理人举办经验分享会，为其他经理人提供建议，这样做的目的是让员工能够从自己的优秀同仁处得到最实用的管理经验，而不是从人力资源部门获得信息。此外，人力资源部门还会定期向新的经理人推送邮件，给他们一些在谷歌公司获得成功的建议和意见，这当中既有"氧气计划"的调查研究结果，也有培训课上的补充内容。

4. 效果评价与项目局限性

在谷歌公司，低分经理人获得了很大的提升，尤其是在员工培训和职业发展等方面。当然，也有员工清醒地认识到，有的经理人可能会为了在评价中拿到高分而做"老好人"，不给员工应有的提醒。针对这一问题，谷歌人力分析团队指出八大行为特征有具体的行为指标，如果经理人做样子的话，很容易被发现。

谷歌公司也承认，项目存在以下局限性有待改进：首先，员工每半年就要填写一次调查问卷，很有可能会产生倦怠心理，回答率可能会降低；其次，随着公司的发展，管理人员的晋升，公司可能会对他们的能力提出新的要求，在高管职位上，所需的行为指标很可能会发生变化；再次，问卷能够反映员工的满意度等比较主观的感受，但是并不能明确如此主观的感受会对销售、生产力和利润这些企业经济指标产生怎样的影响，这也是谷歌未来运用自身强大的统计工具应该更进一步探索有效测量方法的领域；最后，八大行为特征指标有被同类高科技竞争对手模仿的风险。

第五节　大数据时代企业的财务管理

在企业管理中，财务管理贯穿于企业经营的全过程，但它是动态发展的，不是静止不变的。大数据时代的到来，使企业财务管理拥有了信息化技术，不管是数据处理，还是管理理念，都与传统财务管理不同，大数据赋予了财务管理工作新的内容。面对新形势，企业财务会计人员必须抓住机遇，吸收新时代的元素，在实践过程中提升自身的数据分析能力，推动企业财务管理工作实现信息化与科学化。

一、大数据时代企业财务管理存在的问题

（一）企业财务管理理念落后

结合我国现阶段企业财务管理工作的基本情况来看，其表现出来的问题和

缺陷虽然有很多，但是归根结底还是在财务管理理念方面明显落后。这种企业财务管理理念的落后具体表现在以下两个方面：一方面，在企业财务管理工作中，管理人员过度关注企业利益的最大化，过度追求效益，而很容易忽视一些有价值的内容和信息，进而也就有可能会导致企业在财务管理中出现一些较大的错误和损失；另一方面，在具体的企业财务管理工作中，相关管理部门以及管理人员还在管理对象上存在着一定的分歧，对于有形资产过于关注，而忽视了对于无形资产的重视，进而也就不利于企业财务管理水平的提升，会影响和制约企业的持续健康发展。

（二）企业财务管理的共享性不足

分析企业财务管理的现状可知，其在共享性方面同样也存在着一些问题和缺陷，这些问题主要表现在企业财务管理的共享性不足上，很多企业内部的财务管理工作存在着较为突出的独立性。这种独立性主要表现在以下两个方面：一方面，从企业内部来看，财务部门是独立于其他部门而存在的，财务部门和其他部门的交流不够充分，很难保障企业在财务管理过程中得到其他部门的支持和辅助，进而影响了企业财务管理工作的有效开展；另一方面，从企业外部来看，企业财务部门也不能够和外界相关部门以及企业产生有效的交流和互动，在信息传递和数据共享上存在着明显的问题，最终会影响到企业自身财务管理工作的开展，甚至会产生一些隐患。

（三）企业财务管理的风险意识不足

对于当前企业财务管理工作来说，风险管理是比较核心的一个目标和任务，却很容易受到忽视，很多企业在实际的财务管理操作中意识不到风险管理和控制的重要性，很难投入较为足够的精力进行财务风险分析和管理，最终导致企业产生经济损失。随着当前大数据时代的来临，企业财务管理工作中面临的风险问题越来越多，问题也表现得越来越复杂，进而也就更加需要得到充分的分析和管控。从具体的数据信息方面来看，当前企业财务管理中遇到的信息数据资源越来越多，相应的风险因素和问题也就越来越多，需要引起企业财务管理人员的足够重视，以往的重视程度难以满足当前的实际需求，这也是当前企业财务管理中各类问题频发的一个重要原因。

（四）企业财务管理人员素质不足

大数据时代的不断发展也对企业财务管理人员提出了更高的要求，这种对于企业财务管理人员方面的要求主要是，相关人员要充分了解和掌握各类现代化的技术手段以及先进的管理理念，进而才能够适应企业财务管理的发展需求。但是从当前企业财务管理人员的基本状况来看，很多企业财务管理人员并不具备这些方面的素质和能力，很难表现出较好的工作效果。上述管理理念的落后以及风险管理的不足都和企业财务管理人员存在着较为密切的联系，这同样也是今后企业财务管理工作创新发展的一个重要着力点。

二、大数据时代对企业财务管理的影响

（一）促进财务管理信息的挖掘

随着全球经济一体化的日益加深，企业面临的内外部环境发生了较大的变化。相应的企业财务管理信息也随之更新，这就需要企业通过快速响应与技术创新来获得内外部的财务管理信息情报，从而构建一个更具竞争力的战略决策体系。在大数据时代之前，企业获得财务管理信息无非是通过财务报表上的数据，而在大数据时代背景下，企业获得财务管理信息的主要途径除了传统的财务报表外，还可以利用大数据技术，从业务数据、客户数据等方面挖掘更多的财务管理信息。以计算为核心的大数据处理平台可以为企业提供一个更为有效的数据管理工具，提升企业财务管理水平。

（二）提升财务管理信息对企业决策的支持力度

企业在大数据时代背景下能够获得多维度的海量数据信息。在原来的工作模式中，企业可能无法应对如此繁杂的数据，但在大数据条件下，企业可以建立一个大数据预测分析系统，使其从原先那种繁杂的数据监测与识别工作中解放出来，为企业赢取更多的时间来进行决策与分析。比如，企业可以借助客户大数据分析体系，分析购买企业产品客户的收入水平和消费习惯，从而开发出针对不同阶层消费群体的有针对性的产品，提高企业产品销售的效率。

（三）提升财务管理信息的准确度

在大数据时代之前，财务报告的编制以确认、计量、记录为基础，由于技术手段的缺失，财务数据和相关业务数据作为企业的一项重要资源，其价值并没有受到应有的重视。由于技术水平的限制，有些企业决策的相关数据并未得到及时、充分的收集，或者由于数据分类标准差异，导致数据整合利用难度大、效率低，相关财务管理信息因此不准确、不精准，大量财务数据在生成财务报表之后便处于休眠状态而丧失了价值。在大数据时代，技术的发展使企业高效率处理整合海量数据成为可能，而且由于大数据技术要求规范化、标准化，大量财务管理信息的准确性得以提升。

（四）促进企业财务会计人员角色的转变

从企业财务管理的角度分析，大数据为财务会计人员从记账复核和简单的报表分析向高层管理者的转型提供了机遇。此前，财务会计人员只能通过对报表数据的分析为管理者提供决策的依据。随着市场竞争的加剧，基于财务报表的数据分析只能为管理者提供有限的信息，管理者越来越不满足于纯粹报表信息。但在大数据时代，财务会计人员在企业中可以面对不同维度的海量财务数据，而且数据之间的因果关系链更完整。

同时，大数据技术能够帮助财务会计人员破解传统数据分析难以应对的分析难题，透过那些看似普通的数据，财务会计人员可以在数据分析的过程中更全面地了解到企业的现状及问题，更及时地评价企业的财务状况和经营成果，从而揭示企业在经营活动中存在的矛盾和问题，并为企业经营管理的改善提供更加明确的方向和线索。

三、大数据时代企业财务管理发展的方向

（一）培育企业决策层的大数据管理意识

企业在大数据时代下的财务管理离不开决策层的支持，但传统的数据分析对于企业决策层来说轻车熟路，依赖大概的数据做出决策并取得成功的经验比比皆是。同时，成本高昂的大数据处理工具所带来的企业效益的提升可能难以准确量化。这些因素可能会造成企业决策层对大数据管理的疑虑甚至排斥。但是企业管理层必须要意识到，当今的市场竞争越来越激烈，以大数据管理为特征的时代已经来临，如果企业不能意识到这种变化，不能从大数据中迅速识别风险和发掘商机，在未来的行业竞争中将不可避免地被击败。企业意识形态更新的最大推动力来自企业决策层的决心，只有培育企业决策层的大数据管理意识，并加强组织领导工作，才能从根本上树立企业的大数据意识。

（二）转变企业财务管理职能

在大数据时代，数据信息量庞大而复杂，但当代信息技术的发展为数据展示提供了条件，也为创新财务管理中数据信息的呈现方式提供了新的方向，企业财务会计人员需要转变管理思路，推动自身财务管理职能的适当转型。长期以来，企业财务管理职能主要定位于财务会计功能，通过确认、计量、记录、报告程序，努力为相关人员提供其决策所需的财务信息。管理会计虽然不断被提及，然而在企业管理中的实际应用范围较窄、层次较低，目前仍处于探索推

进阶段。在大数据背景下的企业财务管理工作将以大数据为基础，在企业内部开展全面预算管理、资金集中管理与内部控制等管理会计工作，从而让企业财务管理工作能够高效且顺畅地进行下去。因此在大数据时代，企业亟须将管理会计提升到与财务会计同等重要的地位上，甚至应当真正实现财务管理职能从财务会计向管理会计拓展或延伸。

（三）提升财务管理信息化建设水平

提升财务管理信息化建设水平是做好在大数据时代下企业财务管理工作的重要方面。首先，企业要建立财务管理信息化制度，完善企业的网络信息环境，建立统一的财务管理制度，对各项数据与信息在制度上、流程上、收集方式上进一步统一，从而提升企业财务报告合并的工作效率与质量，提升各项财务信息、财务数据的透明度和公开度。其次，企业要做好与企业其他有用信息的互通互联，尤其是要解决业务信息、客户信息与财务信息的高度集成及依托精确的信息处理平台进行分析和决策的问题。企业通常可以考虑在内部设置一个财务信息平台，将企业的财务发展和战略决策全部纳入信息平台中，以便为企业管理层提供及时、可靠的信息。

（四）促进财务分析由事后反映向事中控制转型

竞争激烈的环境要求传统成本管理转向以客户为导向、着眼于竞争优势的战略成本管理，从注重成本核算向注重成本控制转变，从制造成本管理向产品全成本管理转变。从管理会计发展的趋势来看，作业成本法以其对成本的精确计算和对资源的充分利用引起了人们的极大兴趣，但其复杂的操作使很多管理者望而却步。在大数据时代背景下，利用大数据技术能够确定成本动因，准确计算成本，实现从基于结果的分析向基于过程的挖掘转变。财务会计人员不再局限于事后反映、分析和监督，而是可以及时采集与生产制造成本相关的各种类型的数据，通过成本控制系统，准确汇集分配成本，分析生产费用的构成因素，区分不同产品的利润贡献差异并进行全方位比较，实现在线过程控制与业务活动的绩效评价。

（五）建设大数据财务人才队伍

大数据时代改变了企业的发展模式，要求财务会计人员超越财务思维，从业务的角度思考财务问题。财务会计人员不仅要能够承担核算反映、财务监督等财务工作，更重要的是具备超越财务的战略全局观，具有组织流程的规划设计能力，分析业务的洞察能力以及系统架构与建设的能力，这些都对财务会计人员提出了更高的要求。但目前大部分企业并没有相应的人才储备，也无法在数据分析模型上投入足够的人力资源。在大数据时代，提升企业大数据管理意识和财务信息化水平只是两个重要方面，更为重要的执行层面是要建设大数据财务人才队伍，这样企业才能真正利用大数据技术集中存储和分配财务资源，进而做出最优的财务决策。

四、某自营电子商务企业财务会计应用大数据的阶段分析

（一）第一阶段：财务准则下细化损益报表至单品层面

该阶段的主要目标为搭建出企业的整体经营成果及损益报表同单品之间的关系框架，并基于企业已有的业务数据维度和数据系统，将足够的维度和财务结果产生动因纳入该基本框架。在该阶段会涉及大量的业务访谈、流程梳理、研发部门沟通等步骤。

在收入成本科目中，该企业的收入及成本均基于销售订单，订单数据中包括订单编号、单品销售价格、所属类别、销售期间等信息，另外以销售订单编号为关联点，取得退货系统中单品层面的退换货信息，这些信息将作为单品损益分析层面的主要维度进行数据取用。基于企业订单数据系统，取得某个期间内的单品层面的收入数据；基于单品本身编码，取得库存系统中该单品当期库存成本；基于订单编号，取得订单中所使用的优惠券数据，并按照优惠券不同类别进行区分，非单品直接相关的优惠如满减优惠，按照订单相关单品销售价格按比例进行分拆，得到单品间接销售优惠。

涉及系统：订单系统、优惠系统、库存系统。

单品收入＝单品该期间销售收入－单品该期间退货支出－单品该期间直接/间接相关优惠券单品成本＝单品该期间基于加权平均法得到的销售成本

在该自营电子商务企业的履约成本科目中，主要包括仓储成本、配送成本、售后成本三类。仓储成本主要包括当期租赁仓库支出租金或自建仓库当期折旧，以及仓储人员相关人工成本。基于仓储管理系统中的各单品当期的收货、储存、发货信息，取得当期各单品在库时长，并基于单品编码取得库存系统中单品基础体积信息。当期仓库租金或当期折旧基于当期在库单品在库时长及体积在单品上进行分摊。仓储人工成本基于仓储人工分工，主要负责上架的人工成本按照仓储系统当期各单品收货信息，按照收货数量及体积在当期上架单品中进行分摊。仓储拣货、发货人工成本则按照仓储系统当期各单品出库信息，按照发货数量及体积在当期发货单品中进行分摊。仓储理货及管理人工成本则可类同

于租金折旧成本分摊方式，按当期在库时长及体积在当期各单品中进行分摊。此外，由于各单品未必各期均会实现销售，可能会出现部分单品分摊到仓储费用但并无当期收入成本的情况发生。

涉及系统：库存系统、财务系统、薪酬系统。

单品仓储费用＝单品当期仓库租金或当期折旧＋单品仓储上架人工成本＋单品仓储拣货人工成本＋单品仓储理货人工成本

配送成本同单品销售订单直接相关。配送成本主要包括干线运输成本及支线配送成本两类。干线运输成本同线路本身长度主要相关，同所配送的商品重量次相关。基于干线运输系统数据中，当期该条干线运输成本及当期该干线运输线路实际运输单品距离及单品标准重量，将当期该条干线运输成本分配至单品层面。支线配送成本包括配送车辆成本及配送人工成本等，其主要成本动因基本一致，同配送订单数量相关，由于支线配送的复杂程度较之干线运输更高，因此基于成本效益原则，选择支线配送系统数据中当期配送订单数量及重量数据为关键分配基础，将支线配送成本进一步分配至单品层面。

涉及系统：干线运输系统、支线配送系统、薪酬系统、库存系统、财务系统。

单品配送成本＝单品干线运输成本＋单品支线配送成本

售后服务成本同售后服务订单相关，通常所提供的售后服务可以同单品直接相关，基于客服系统所记录的客服人员当期完成的服务次数及所服务相关的订单信息，将提供的售后服务按次数分摊至单品层面。回退商品损失则基于各回退单品可变现收入扣减回退单品成本直接记录于单品层面。

涉及系统：售后服务系统、薪酬系统、财务系统。

单品售后服务成本＝单品售后服务成本＋单品回退商品损失

市场费用是企业损益表中的重要科目，该费用记录至单品层面将涉及较多假设和估计。市场费用的投入类型多样且其投入多为未来收入而非当期收入，因此在基于《企业会计准则》将当期市场费用分配至单品层面时，将出现较多费用动因假设。市场费用可以大致区分为流量采买成本及整体品牌形象成本两个主要类型。流量采买成本发生来源多样，有基于点击次数收费的，亦有按期间收费或者按曝光次数收费等计费方式。从流量采买效果角度上看，流量采买成本与用户最终消费该单品有关，但其联系过程非常复杂，因此在流量采买成本中，将导致用户点击单品的结果视为该流量采买成本带来的效果。基于上述分析，流量采买成本基于当期所有单品的页面点击分配至单品层面。另外，这里同样会出现某些单品当期有点击发生但无销售收入的情况。整体品牌形象成本主要为在媒体投放的广告或举办的活动等，其目的是维护和提高企业整体形象及曝光率，该费用的发生同企业整体经营情况相关，因此将当期全部单品销售收入作为单品层面的分配基础相对比较公正。

涉及系统：流量数据系统、财务系统、订单系统。

单品市场费用 = 单品流量采买成本 + 单品承担整体品牌形象成本

此外，损益表中如管理费用、研发费用等，亦同订单直接相关程度较低，同样假定关键费用动因，并基于关键动因将各项此类费用分配至单品层面。

至此，企业层面损益报表已分拆至单品，其应用则可分不同层面。从企业管理者层面，可以主要关注异常报告及战略单品业绩表现，如企业损益出现的异常波动是由于哪些关键单品的何种因素导致的，并相应调整后续经营策略，或基于不同关键维度的分析结果，确立企业内部标准或寻找差距原因；从企业经营者层面，可以对日常关键单品的业绩表现进行监控，定义关键单品并监控其业绩表现变化趋势，当出现不利趋势时，适时调整经营方针；从企业业务人员层面，可以及时监控其管辖的单品情况，进行细节管理。企业财务会计团队可基于细化数据进行深入分析研究，向不同层面使用者提供目的不同的分析支持，亦可以将数据形成不同层面的展示报表，以更为直观地提供给各层面使用者。

（二）第二阶段：产品生命周期下细化损益报表至单品层面

该阶段主要目标是在第一阶段的基础上，引入单品生命周期的概念，将第一阶段所实现的财务准则口径下的单品损益，通过一定的管理调整，实现该单品在其生命周期下的损益分析。其同财务准则口径下的单品损益分析的主要区别在于，某些成本费用的项目，并不按照财务准则的要求记录于费用发生的期间，而是体现在该单品实现销售的期间，该口径下的单品损益分析可以体现该单品从采购到销售最终实现的损益情况，从长期来看，其结果同会计准则口径下的单品损益结果亦趋同。

要实现上述目标，则需将部分费用科目的计算逻辑进行调整，在会计准则口径下应记录于当期的费用，需按一定原则进行递延，将当期尚未实现销售的单品所应承担的费用，递延至实际实现销售的期间，下面以仓储费用为例进行说明。仓储费用的发生同当期需存储的商品相关，而当期需存储的商品并非当期均实现了销售的，当商品销售节奏波动较大的时候，会计准则口径下的当期损益在短期内可能会对该单品实际短期损益有一定的误导。

例如，单品 A 单独租赁一仓库进行储存，每月仓储租金 10 万元。单品 A 年初有 100 万件，1 月份销售 10 万件，2 月份无销售，3 月份销售剩余 90 万件，销售均发生在月末，销售毛利为每件 1 元（无其他收益成本费用）。在会计准则口径下单品 A 的各月损益分别体现为 0 元、-10 万元、80 万元，每件销售损益分别为 0 元、0 元及 0.89 元。从短期来看，如按照该数据进行管理，单品 A 的损益情况分析可能对将采取的管理手段产生误导，即认为将产品延期销售可能取得的收益更优。从产品生命周期来看，1 月份及 2 月份所发生的仓储租金，有一部分储存的商品并未在当期实现销售，其对应发生的费用将递延至后续实现销售的期间。

在该原则下，单品 A 各月记入当期的仓储费用分别为 1 万元、0 元、29 万元，各月损益分别体现为 9 万元、0 元、61 万元，每件损益分别为 0.9 元、0 元及 0.68 元。对比上述两种结果可以看出，在会计准则口径下，每件销售损益看似是 3 月份最佳，而该结论可以推导出将商品留存至 3 月份销售会优于在 1 月份销售。而从产品生命周期来看，1 月份销售的每件单品损益最高，商品通过长期储存，所负担的仓储费用随之增长，会抵销销售带来的利润。这一结论说明，加快商品的周转有利于提高收益。基于该原则，仓储费用中单品层面的当期租赁仓库成本，将基于单品在当期期末储存或销售的情况进一步拆分为两个部分——记录于当期损益的部分和递延至下期的部分。

按照上述原则对各项费用成本进行递延确认后，则取得了产品生命周期口径下单品层面的损益情况，该结果对于一线业务人员的帮助将更为明显，在安排采购和销售节奏时可以参照该结果，如平衡考虑囤货所取得的收益是否能够抵销长期仓储带来的损益。企业管理者也可以通过监测期末尚在递延中的费用，了解已经发生但尚未得到弥补（未销售前发生的持有成本）的费用情况，亦可以对关键单品的情况进行监控及调整管理手段。

（三）第三阶段：产品生命周期下单品层面损益预测

在前述两个阶段中，所得到的数据产出均为期间数据，且为历史期间数据。财务会计除了应及时、准确地提供历史数据的分析支持之外，亦应在预测方面为各报告使用者提供有用的数据支持。因此，该阶段的目标是在第二阶段的基础上，增加一些关键假设，在最终产出时关注单品后续可能实现的损益情况。通过对关键假设的调整，使各层级报告使用者通过预测结果的变化和倾向，相应调整实际应对战略，达到最优结果。关键假设主要包括产品性质、采购销售节奏、潜在收益成本等。通过这些关键假设的调整，取得在该时点、该假设的条件下，单品后期可能实现的损益情况。

如某电子产品，其产品性质决定了其更新换代的速度很快，6 个月后的销售价格将可能出现明显降低，销量在 9 个月后出现明显下降。在引入该单品 3 个月末时，供货商提供了优厚的采购返利支持，企业在判断是否需要在此时点进行囤货时，可以参考基于上述假设条件以及该单品在过去三个月内所发生的单品损益数据，预计后续期间该单品可能实现的损益情况。

在收入成本科目中，需输入销售节奏假设、单品平均成本变化假设以及价格变化节奏假设。销售节奏假设可以通过一定原则基于产品所属类别性质进行自动设置匹配，亦可以进行人工调整以观察假设变化对结果的影响。单品平均成本变化假设主要为供货商所提供的潜在收益成本带来的相应影响。在前例中，供货商提供的优厚的采购返利支持，如企业进行采购囤货，则可以取得该采购返利并拉低平均成本。价格变化节奏假设亦可基于产品性质进行自动设置匹配或进行人工调整。在履约费用中，仓储成本则需要输入采购节奏假设，该假设结合销售节奏假设可以推导出库存变化假设。基于第二阶段实现的将单品层面仓储费用拆分至当期实现损益的单品单个成本和递延确认的单品单个成本，模拟得出在该销售节奏假设下，各期仓储费用的情况。配送成本则可基于前期实际的单件单品配送成本，得出在该销售节奏假设下，各期发生的配送费用的情况。售后费用、管理费用、市场费用等亦可以参照前期实际数据，结合销售节奏假设，推算假设期间费用数据。

至此所形成的单品层面数据产出，同样可在不同层级和维度上进行应用，把握关键单品的预计损益，结合系统配合其他假设，预估后期整体损益情况，或基于后期整体损益预算安排，对关键单品调整经营战略，最终实现损益预算目标。

综上所述，在上述财务数据结合企业大数据使用的过程中，企业财务会计团队要同各业务部门及研发人员进行充分沟通，以了解业务的流程、相关形成的数据、数据的内容和定义、数据的存储方式等，使用专业数据开发工具，最终形成不同层级的数据分析报表及结果展示方式。基于不同企业的实际情况和数据资源，企业财务会计团队以财务视角为出发点，引入和关联业务关键数据，以财务的视角将企业拥有的大数据进行串联，站在企业整体的角度利用大数据进行分析、战略数据支持和应用，并对财务会计团队的能力进行提升，迎合大数据趋势，与业务紧密结合，成为企业内部关键战略单元，将是企业管理团队的发展趋势。

参考文献

[1] 王德敏.财务会计精细化管理全案 [M].北京：人民邮电出版社，2009.

[2] 牛永芹，赵德良，曹方林.ERP 供应链管理系统实训教程 [M].3 版.北京：高等教育出版社，2017.

[3] 潘立新.财务会计教学案例与分析 [M].北京：中国人民大学出版社，2017.

[4] 王淑敏.财务会计管理工具大全 [M].北京：人民邮电出版社，2014.

[5] 陈斯雯.建筑施工、房地产企业实用管理大全：财务会计、合理避税、管理制度与表格 [M].北京：企业管理出版社，2007.

[6] 颉茂华.企业财务会计制度设计：理论、实务、案例 [M].北京：北京大学出版社，2011.

[7] 肖胜方.新编常用企业管理制度全书：行政管理、财务管理、人力管理、营销管理、企划管理、品质管理 [M].3 版.北京：中国法制出版社，2018.

[8] 陈红明.经理人财务读本：经理人须掌握的全部财务管理要点 [M].2 版.北京：企业管理出版社，2002.

[9] 段远鸿，吴晶.不懂财务就当不好建筑施工企业经理 [M].北京：企业管理出版社，2009.

[10] 迟淑华，董晓孝.企业管理关键细节系列：财务管理的 55 个关键细节 [M].北京：中国电力出版社，2012.

[11] 孙健，赵涛.用制度管人，按制度办事：财务工作规范化管理推行实务 [M].北京：企业管理出版社，2007.

[12] 丁会仁.财务管理实务操作与典型案例全书 [M].北京：中国法制出版社，2012.

[13] 郭艳蕊，李果.现代财务会计与企业管理 [M].天津：天津科学技术出版社，2021.

[14] 盛智玲 . 浅析经济新形势下企业财务管理模式的创新路径 [J]. 商展经济，2021（2）：122-124.

[15] 彭庆娥 . 浅论企业财务会计中资金管理的问题及措施 [J]. 环球市场，2021（7）：141.

[16] 万亚婷 . 中小企业会计管理核算存在问题及规范措施 [J]. 知识经济，2021（5）：64-65.

[17] 张斌 . 新时期企业会计管理职能创新探讨 [J]. 财会学习，2021（10）：125-126.

[18] 刘卫青 . 企业财务会计内控管理机制构建的路径探讨 [J]. 商情，2021（8）：5.

[19] 任广静 . 油田企业会计档案管理的问题与对策 [J]. 卷宗，2021（1）：65.

[20] 李淑颖 . 国有企业会计集中核算下的财务管理探讨 [J]. 环球市场，2021（5）：89-90.

[21] 吕霞 . 大数据时代下企业会计财务管理及内部控制研究 [J]. 中国战略新兴产业，2021（2）：32-33.

[22] 江全 . 关于会计信息化对企业财务管理的运用分析 [J]. 商情，2021（15）：8.

[23] 陈培华 . 企业财务会计内部控制管理机制的构建 [J]. 商业观察，2021（1）：73-74.

[24] 何萍 . 中小企业财务会计管理中存在的问题及对策 [J]. 商情，2021（6）：29-30.